Joschka Fischer

Der Umbau der Industriegesellschaft

Plädoyer wider die herrschende
Umweltlüge

Eichborn Verlag

Biographische Angaben:

Joschka Fischer wurde am 12. April 1948 geboren. Als Mitbegründer der »Realos« zog er 1983 mit der ersten grünen Fraktion als Abgeordneter in den Deutschen Bundestag ein. Vom 12. Dezember 1985 bis zum 9. Februar 1987 war er erster grüner Umweltminister in Hessen. Seit dem April 1987 ist er Abgeordneter und Fraktionsvorsitzender der GRÜNEN im Hessischen Landtag.

Bisherige Buchveröffentlichungen: Von grüner Kraft und Herrlichkeit (1984), Regieren geht über Studieren. Ein politisches Tagebuch (1987).

CIP-Titelaufnahme der Deutschen Bibliothek

Fischer, Joschka:
Der Umbau der Industriegesellschaft: Plädoyer wider die herrschende Umweltlüge /
Joschka Fischer. –
Frankfurt (Main): Eichborn, 1989
    ISBN 3-8218-1126-9

2. Auflage August 1989

© Vito von Eichborn GmbH & Co. Verlag KG, Frankfurt am Main, Juni 1989.
Umschlaggestaltung: Uwe Gruhle. Gesamtherstellung: Ebner Ulm.
ISBN 3-8218-1126-9.
Verlagsverzeichnis schickt gern:
Eichborn Verlag, Sachsenhäuser Landwehrweg 293, D-6000 Frankfurt 70.

Judy Norwell

JOSCHKA FISCHER

Aalen 1989.

INHALT

... UND FÜRCHTET EUCH NICHT! –
EINE EINLEITUNG ZUR SACHE

Sie sägten die Äste ab, auf denen sie saßen
Und schrieen sich zu ihre Erfahrungen
Wie man schneller sägen konnte, und fuhren
Mit Krachen in die Tiefe, und die ihnen zusahen
Schüttelten die Köpfe beim Sägen und
Sägten weiter.

Bertolt Brecht (Exil III)

Es war einmal... So beginnen die meisten Geschichten, und eine
Geschichte hat sie ja mittlerweile, die Umweltpolitik in der Bundesrepublik Deutschland, fast eine märchenhafte Geschichte frei nach
den Gebrüdern Grimm und anderen frühen Fantasies. Es mischt
sich in ihr das Märchen vom Kaiser und seinen neuen Kleidern mit
der Fabel vom Hasen und dem Igel. So mancher zog da in den letzten zehn Jahren aus um das Fürchten zu lernen und gruselte sich gar
schrecklich. Und die klassischen Sagen von den Qualen des Tantalos
und jenen immer vergeblichen Mühen des Sisyphos im antiken Ha-
des fanden in der Geschichte der Umweltpolitik ihre moderne Entsprechung. Wenn es dann noch eines historischen Helden als Vorbild dieser märchenhaften westdeutschen Umweltpolitik bedarf,
einer veritablen populären Symbolfigur also, so könnte dieser durchaus von Adel sein, ein echter Baron und Kriegsmann zudem, nämlich der Lügenbaron von Münchhausen. Als Umweltminister oder
Vorstandssprecher eines Energie- oder Chemiekonzerns wären
Durchlaucht mit seiner blühenden Phantasie und seiner entsorgen-
den Wortgewalt nachgerade eine Idealbesetzung in heutiger Zeit.
  Gerade zehn Jahre ist es her, da waren die Krise der Umwelt und

7

die Fragen einer ökologischen Politik bereits die entscheidenden Antriebskräfte für eine große soziale Protestbewegung. Andererseits aber waren diese Umweltbewegung und ihre Themen in der Gesellschaft und vor allem in der politischen Klasse stigmatisiert als exaltiertes Vergnügen steinzeitvernarrter Zivilisationsdeserteure, von öffentlicher Unterstützung lebender Müslis und grün eingefärbter Linksradikaler und sogenannter Verfassungsfeinde. »Steinzeit, nein danke!« lautete damals, Ende der siebziger Jahre, die ebenso beschränkte wie ängstlich-aggressive Antwort der Parteien, Gewerkschaften, Verbände und politischen Institutionen in der Bundesrepublik auf die Kritik und den Protest der Anti-Atombewegung gegen das Atomprogramm der sozialliberalen Bundesregierung unter Helmut Schmidt. Heute, zehn Jahre danach, ist die Krise der Umwelt, ist die Umweltpolitik in das Zentrum des politischen Diskurses der Öffentlichkeit und der breiten Mehrheit der Bevölkerung gerückt, und also könnte man mit Fug und Recht von einem großen politischen Erfolg der Umweltbewegung und ihrer Partei DIE GRÜNEN sprechen. Betrachtet man sich jedoch die reale Lage dieser unserer Umwelt, so ist das gerade Gegenteil richtig. Von Erfolg, von wirklichen umweltpolitischen Durchbrüchen, von einer Trendwende gar in den letzten zehn Jahren kann mitnichten die Rede sein. Im Gegenteil, es kam immer schlimmer, es kommt immer schlimmer und alles spricht gegenwärtig dafür, daß es auch in Zukunft noch schlimmer kommen wird.

Spätestens mit dem Drama der sterbenden Nordsee, der kieloben treibenden toten Fische und der verendenden Robben und Heuler, ausführlich dokumentiert auf den Fernsehschirmen und in den Gazetten der Nation und daher in millionenfacher Betroffenheit wahrgenommen, reüssierte Umweltpolitik zu einem wahlbeeinflussenden Thema. Dies geschah keineswegs aus aufgeklärter Freundlichkeit und aus der Weitsicht der politischen Klasse heraus, oh nein. Die umweltpolitischen Hiobsbotschaften über die unerwünschten Kosten unseres Wachstums sind vielmehr alltäglich geworden: europäisch kontinentale Umweltkatastrophen wie der atomare Supergau von Tschernobyl in der Nacht zum 26. April 1986, der Brand beim Baseler Chemieriesen Sandoz am 1. November desselben Jahres, die sich daran anschließenden täglichen Störfallmeldungen deutscher Chemiekonzerne, der tagtäglich vor sich hin stinkende Skandal unserer Flüsse und Ströme, Luftverschmutzung, Smogalarme im Winter, Pseudo-Krupp, saurer Regen und der sterbende deutsche Wald, die umkippende Nordsee, die verendenden Robben, der Skandal um die Hanauer Atomschiebereien, die vertuschte Beinahekatastrophe in Biblis, Müllexport und Müllnotstand, Geisterschiffe mit Giftmüll beladen auf allen sieben Weltmeeren, der Wein-, der Nudel-, der Olivenöl-, der Kälberskandal, Asbest in Gebäuden und Schulen, Formaldehyd allüberall, Perchlorethylen in chemischen Reinigungen und daher auch in nahegelegenen Metzgerläden, Bäckereien und Wohnungen und in deren Kunden und Mietern, und nunmehr auch noch drohende und diesmal meßbare globale Umweltkrisen, CO_2 und FCKW, erste globale Reaktionen unseres begrenzten und extrem belasteten Ökosystems Erde – die Klimakatastrophe und das Ozonloch.

Diese umweltpolitische Schreckensliste ist lang, das jeweilige Entsetzen des Augenblicks groß, die Auftritte der verantwortlichen Umweltpolitiker im Krisen- und Katastrophenfalle geschäftig und hurtig, das Publikum leichtgläubig und vergeßlich, und die praktischen Folgen aus alledem daher mehr als dürftig. »Worte! Worte! Keine Taten! Immer Geist und keinen Braten, keine Knödel in der Suppe!« reimte jenes alte Lästermaul namens Heinrich Heine bereits im letzten Jahrhundert, und dabei hatte Heine damals noch nicht den geringsten Schimmer von Tschernobyl und jenem posttschernobylen Geschwätz von der »inhärenten Sicherheit« und der »Atomenergie als Übergangsenergie« bei gleichzeitig munterer Inbetriebnahme weiterer Atomkraftwerke in dieser Republik. Heine besang nicht das Chemikaliengesetz in seiner jungfräulichen Vollzugsunschuld seit vielen Jahren, er hatte keine Ahnung von Walter Wallmann und Klaus Töpfer und deren internationalem Konferenzvoodoo, und Heine träumte auch nicht von BAYER, BASF und

HOECHST, sondern lediglich von der Loreley und ihrem verderblichen Gesang auf dem Felsen hoch oben über dem Rhein. Und dieser Rhein war damals allerhöchstens einigen verträumt lauschenden Schiffern der Klippen wegen gefährlich. Heute hingegen gefährdet er Fische und Menschen mit seinem in Schadstoffen, Giften, Milligramm, Mikrogramm und Nanogramm zu berechnenden modernen Schatz der Nibelungen, der täglich Richtung Nordsee rauscht. Und dennoch hat Heine mit seinem Poem die aktuelle Lage der Umweltpolitik trefflich auf den Punkt gebracht. Worte, Bilder, Konferenzen – aber Taten? Die allernotwendigsten vielleicht, solange das Publikum aufmerkt, aber dann und danach?

Wer weiß schon etwas von der tickenden Zeitbombe der 100 000 chemischen Altstoffe, von deren Auswirkungen auf Umwelt und Menschen man bei den zuständigen Umweltbehörden eher über dunkle Ahnungen denn über profundes Wissen verfügt, die aber unsere gesamte Lebenswelt, unseren Alltag, ja unser Fettgewebe und unsere Organe bis in den letzten Winkel einer Körperzelle durchdringen und sich dort mit unbekanntem Ziel anreichern? Kaum jemand, und so kümmert es auch nicht weiter, wenn man morgens zum Frühstück liest: »Von 100 000 Chemikalien können pro Jahr nur fünfzig untersucht werden.«[1] Und weiter heißt es dort: »Töpfer sagte, es gebe mittlerweile eine Liste mit 581 gefährlichen Altstoffen, die unter Federführung des Umweltbundesamtes ermittelt wurden. ... Darüber hinaus habe die chemische Industrie eine Liste mit 4 600 gefährlichen Stoffen zur Verfügung gestellt, die in einer Menge von mehr als zehn Tonnen pro Jahr in der Europäischen Gemeinschaft vermarktet werden. ... Wegen der nur begrenzten Zahl von Fachleuten könnten in der Bundesrepublik lediglich 50 Stoffe im Jahr untersucht werden.« Na also, in einem der reichsten und industrialisiertesten Länder der Welt mit der größten Chemieindustrie eben dieser Welt mangelt es an

---

[1] So die FRANKFURTER RUNDSCHAU vom 4.11.1988.

Experten, um die ökologischen Folgen der Altstoffe zu bewerten! Und selbstverständlich kann der Bundesumweltminister erst nach einer Bewertung zu möglichen Taten wie Stoffverboten, Anwendungsbegrenzungen, Kontrollen etc. schreiten – und das wird folglich dauern, quälend lang.

Dabei wächst das Problem der Belastung von Mensch und Umwelt mit immer neuen chemischen Stoffen unbekannter Wirkung in rasantem Tempo weiter. Hören wir dazu zwei renommierte Umwelttoxikologen, nämlich Carsten Alsen und Otmar Wassermann: »Die rasch wachsende Produktion chemischer Stoffe und ihre weltweite Verbreitung ist eine der Hauptursachen der Schadstoffbelastung der Biosphäre. Dabei spielen nicht nur die gewünschten Produkte selbst eine Rolle, sondern auch die in ihnen enthaltenen Verunreinigungen sowie die bei ihrer Herstellung anfallenden Abfälle und die daraus auf Deponien und in Verbrennungsanlagen gebildeten Zersetzungprodukte. Diese Produktion läuft auf Höchsttouren: Etwa 8 Millionen definierte, größtenteils neue synthetische Chemikalien registrierte der Chemical Abstract Service bisher, 800 bis 1 000 kommen *täglich* dazu, d. h. etwa 300 000 pro Jahr. Nicht gerechnet sind dabei die bei jeder Synthese anfallenden Nebenprodukte, Abfallstoffe, deren mögliche erhebliche toxikologische Bedeutung am Beispiel der *Dioxine* in jüngster Zeit besonders deutlich geworden ist. Auch wenn nur ein kleiner Teil dieser von Menschen neu synthetisierten, in der Natur nie dagewesenen Stoffe umweltrelevant ist oder wird, ist der verbleibende Ausstoß toxikologisch längst nicht mehr zu bewerten.«[1]

Weit über drei Jahre, so die Autoren weiter, dauere es in der Regel, um die Mindestinformationen über die Toxizität einer einzigen Substanz zu sammeln, die zuvor in Sekunden, Stunden,

---

1 Alsen, Wassermann – Die gesellschaftspolitische Relevanz der Umwelttoxikologie; hektographierte Veröffentlichung *Internationales Institut für Umwelt und Gesellschaft,* Berlin, ohne Jahrgang.

höchstens Tagen synthetisiert worden ist! Vielleicht beginnt jetzt der Eine oder die Andere den armen Herrn Töpfer zu verstehen, denn angesichts dieser brutalen Fakten bleibt der offiziellen Umweltpolitik in der Tat nicht mehr als der Glaube an die Wirksamkeit der leeren Illusion, des scheinbaren Handelns im praktischen Nichts.

Was ist denn aus der angeblich verbesserten Störfallverordnung nach Sandoz praktisch (und nicht in den Presseerklärungen der Ministerien) geworden? Wird sie wirksam vollzogen? Gab es solch banale und triviale und gleichwohl für die praktische Durchführung unverzichtbare Dinge, wie neue Stellen bei der Verwaltung, zusätzliche Sachmittel für ihre Umsetzung? Wenn ja, sind sie denn ausreichend zur Umsetzung dieser wichtigen Vorsorgemaßnahmen gegenüber schweren Chemieunfällen? Sind schwere Unfälle in der Großchemie mit ähnlichen oder gar schlimmeren Folgen wie bei Sandoz in Basel nunmehr weniger wahrscheinlich geworden? Warum erstellt man keine regionalen Sicherheitsanalysen? Der überwiegende Teil der westdeutschen Großchemie befindet sich mit seinem enormen Risikopotential mitten in den Ballungsgebieten von Ludwigshafen, Frankfurt und Leverkusen. Und reicht diese Maßnahme überhaupt aus, um die Katastrophenpotentiale der Großchemie in unserer unmittelbaren Nachbarschaft wenigstens wirksam zu reduzieren? Wie steht es denn um den Vollzug des neuen Abfallgesetzes und des Wasserhaushaltsgesetzes? Fragen Sie, verehrte Leserin und verehrter Leser, einmal zur Abwechslung nicht bei Ihrem Umweltminister nach, sondern bei den Fakten, und ich versichere Ihnen, sie werden ihr blaues Wunder erleben.

Was folgte eigentlich aus Tschernobyl? Sind die Atomkraftwerke hierzulande sicherer geworden? Womit? Wodurch? Um wieviel?[1] Dürfen etwa die Atomkraftwerke BIBLIS A und B heute keinen

---

1 »Traurige Wahrheit ist, daß die Experten nicht sagen können, wie sicher Atomkraftwerke tatsächlich sind«, stellt *Christopher Flavin* in seinem Aufsatz *Atomenergie: Neue Einschätzung* fest. Aus: Zur Lage der Welt 87/88, Worldwatch Institute Report, S. 108, Frankfurt/M 1987.

Strom mehr produzieren, weil die Reaktorkuppel etwa beim Block A statt 180-200 cm Dicke an Stahlbeton lediglich über eine Stärke von 60 cm verfügt, beim Block B 100 cm – und damit gegen Flugzeugabstürze, mitten im Rhein-Main-Neckar Raum gelegen und in der unmittelbaren Nachbarschaft von Deutschlands größtem Zivil- und Militärflughafenhafen und zweier Tieffluggebiete, nicht oder nur unzureichend ausgelegt ist, und hierzulande solche Atomkraftwerke gar nicht mehr gebaut, geschweige denn in Betrieb genommen werden dürfen (seit vielen Jahren übrigens)? Keine Sorge, Biblis wird auch in Zukunft trotz gravierender Sicherheitsmängel, haarsträubendem Störfall und anschließender Vertuschung munter weiter Strom produzieren, da sollte man sich durch die lautstarke öffentliche Inszenierung des Streits zwischem dem Stromgiganten RWE und der Atomaufsicht nicht beirren lassen. Und glauben Sie bloß nicht, liebe Leserinnen und Leser, in Biblis wäre der höchste deutsche Unsicherheitsstandard bereits realisiert. Der altgewordene Siedewasserreaktor im Atomkraftwerk Würgassen (NRW) verfügt lediglich über ein Dach von 20 cm Dicke mitten im schönsten Tieffluggebiet. . . Aber lassen wir das.

Wird der Atommüll mittlerweile besser kontrolliert? Wie denn, wer denn, wo denn, womit denn? Die Kontrollen sind dermaßen aufwendig und teuer, daß sie, wirksam eingesetzt, nicht bezahlbar sind, abgesehen davon, daß die Kontrollbehörden technisch gar nicht in der Lage sind, diese Kontrollen wirksam durchzuführen und daher auf die Anlagenbetreiber angewiesen bleiben. Es ist eine Absurdität, denn was würden wir zu einer Polizei sagen, die auf das technische Know How von Dieben, Hehlern und Betrügern bei der Beweissicherung angewiesen wäre? Eben, aber in der Umwelt- und Atompolitik bestimmt das Absurde den Alltag, ohne daß dies jemand wirklich aufregt. Bei gentechnologischen Anlagen stellt sich diese technisch bedingte Kontrollunfähigkeit und dadurch bedingte Vollzugsunfähigkeit der Gesetze und Verordnungen durch die Behörden in extrem verschärfter Form, denn hier fehlt schlicht jegliche Kontrollmöglichkeit gegenüber den Betreibern gentechnologischer

Anlagen.[1] Selbst wenn die Behörden kontrollieren wollten, sie könnten nicht, da sie ohne zureichendes Personal, Wissen und Technik sind. Also bleibt der Umweltverwaltung lediglich der Glaube an die Gesetzestreue der Firmen, und Glaube kann ja bekanntlich Berge versetzen. . .

Dieses chronische und zum Himmel schreiende Vollzugsdefizit existiert in nahezu allen Bereichen der Umweltgesetze und der Umweltverwaltung, selbst wo die Dinge nicht ganz so kompliziert sind wie bei der Kontrolle der Gentechnologie. Ein weiteres Beispiel dazu: »Auf der anderen Seite wird von Behörden und Politikern der Bevölkerung eine Sicherheit vorgetäuscht, die nicht existiert. . . . Ein Beispiel aus der Praxis liefert das derzeit gültige Lebensmittel- und Bedarfsgegenständegesetz. Allein an Pestiziden sind dort etwa 400 Substanzen aufgeführt, die erlaubt und für die im Gesetz ›Höchstmengen‹ aufgeführt sind, welche in Nahrungsmitteln nicht überschritten werden dürfen. Eine Anfrage bei Speziallaboratorien für Rückstandsanalytik . . . ergab, daß von diesen etwa 400 im Gesetz erwähnten toxischen Chemikalien nur 60-80 (!) in der für verderbliche Nahrungsmittel erforderlich kurzen Zeit und nur mit großem Aufwand gemessen werden können. Dies bedeutet eine von den verantwortlichen Behörden und den gesetzgebenden Politikern geduldete Dunkelziffer von über 80%; hinzu kommt, daß die meisten Landes- und Kommunallaboratorien analytisch noch weit weniger leistungsfähig sind.«[2] Genau so sieht sie aus, die elende Realität in der Niederungen des Vollzugsalltags der Umweltverwaltungen, und alle Beteiligten und Verantwortlichen – Politiker, Beamte und Wissenschaftler – wissen dies.

---

[1] So der hessische Umweltminister Karl Heinz Weimar in einer Rede vor seiner Partei, der CDU: »Die Wissenschaft allerdings sei wertfrei und müsse weiterforschen. Als Beispiel nannte Weimar die Gen-Technologie, die zu kontrollieren allein aus Personalgründen nicht möglich sei.«(!) Aus: OFFENBACH POST vom 16. Januar 1989. Gleichzeitig genehmigt dieses Herzchen von Umweltminister aber munter die erste großindustrielle gentechnische Produktion bei der HOECHST AG in Frankfurt/M nach dem Bundes-Immissionsschutzgesetz, obwohl er dessen Einhaltung nach eigenem Eingeständnis gar nicht überwachen kann.
[2] Alsen, Wassermann a.a.O., S. 66/67

Ist der Regen in den letzten Jahren weniger sauer geworden? Nein. »Böden und Bäche im Taunus fast so sauer wie eine Zitrone«, schreibt die FAZ. »Wenn die Forscher in den Höhen des Taunus aus der obersten Bodenschicht Proben entnehmen, messen sie bei der Analyse pH-Werte von 2,6. . . . eine Zitrone hat einen pH-Wert von 2,3.« Weiter heißt es dort, »daß 95 Prozent aller Hunsrück- und Taunusbäche zumindest in der Quellregion vollkommen versauert sind. Nicht nur das: Die Konzentration von Aluminium liegt in diesen Gewässern bei etwa 2 Milligramm je Liter – zwanzigmal höher als der Grenzwert der Trinkwasserverordnung.«[1]

Stirbt der Wald jetzt wenigstens langsamer nach Großfeuerungsanlagenverordnung, TA Luft und Katalysatorposse? Von wegen, obwohl man gerade die Rauchgasreinigung von Schwefeldioxid bei Großkraftwerken mit fossilen Brennstoffen (Kohle, Öl, Erdgas), weniger jedoch von Stickoxiden, als einen der ganz wenigen Fortschritte in der Umweltpolitik der achtziger Jahre bezeichnen kann. Allerdings ignorierte man stur, daß die Wissenschaft nicht nur das SO_2, sondern vielmehr einen ganzen Schadstoffcocktail von etwa einhundert dieser lieblichen Ingredienzien in unserer Umgebungsluft als Verursacher des Waldsterbens ansieht, und die Realität des anhaltenden Waldsterbens und die Krebsatlanten der Bundesrepublik scheinen diese Annahme traurigerweise zu bestätigen.

Bei den Stickoxiden erlebt die Luftreinhaltepolitik der Bundesregierung gegenwärtig ein schlimmes Debakel: 3,16 Millionen Tonnen wurden 1988 in der Bundesrepublik emittiert, 1,9 Millionen Tonnen durch den motorisierten Straßen- und Luftverkehr. Seit 1983, dem Beginn der Bonner Offensive gegen die Luftverschmutzung, ist der Anteil der Stickoxidemissionen um sieben Prozent gestiegen, die Emissionen des Verkehrs gar um 16 Prozent! Dennoch lehnt die Bundesregierung jegliche Form von Geschwindigkeitsbeschränkung weiterhin strikt ab. Nach ihrer eigenen Prognose von 1985 hätten wir

---

[1] FRANKFURTER ALLGEMEINE ZEITUNG vom 22. Oktober 1988.

1988 eigentlich eine Senkung der Stickoxidemissionen bei den Personenwagen um 25 Prozent erleben müssen, real aber haben wir es mit einer Steigerung von 1985 bis 1988 bei PKW von einer Million Tonnen Stickoxiden auf 1,1 Millionen Tonnen zu tun – und dies bei gleichzeitiger Einführung des Katalysators, wobei allerdings nur jeder fünfte als schadstoffarm geltende PKW über einen geregelten Dreiwege-Katalysator verfügt, der wirksam Stickoxide zurückhält.[1]

Die Folgen dieser bitterbös satirischen Umweltpolitik sind im dunklen Tann zu besichtigen. Man nehme dazu nur den letzten Waldschadensbericht des Bundeslandwirtschaftsministers: Es stirbt nach dessen Bekunden neu in der Spitzengruppe der Waldsterbensstatistik eben die deutsche Eiche als Baum des Jahres 1988 – 52,4 Prozent der deutschen Waldflächen sind geschädigt, so der jüngste Waldschadensbericht des Ignaz Kiechle. Tanne (73,0 Prozent geschädigt), Eiche (69,6), Buche (63,4), Kiefer (53,4) und Fichte (48,8) sind damit mitnichten aus dem Schneider, im Gegenteil, dort wird munter weiter gestorben. »Die Eiche wankt«, schreibt die ZEIT, alsdann.

Was wird eigentlich gegen die drohende Klimakatastrophe und das Ozonloch unternommen? Allenthalben wird darüber diskutiert und berichtet, wobei die Ursachen des Problems und seine Lösung relativ überschaubar und lösbar aller Welt vor Augen liegen. Die Hauptverursacher sind das CO_2 (Kohlendioxid) und die berühmt berüchtigten FCKW (Fluorchlorkohlenwasserstoffe). 1987 wurden weltweit 29 Milliarden Tonnen CO_2 und 770 000 Tonnen F11 und F12 an FCKW emittiert.[2] Anzumerken allerdings bleibt, daß die relative Klimawirksamkeit eines FCKW Moleküls das 14 000- bis 17 000fache eines Kohlendioxidmoleküls beträgt! Nun wollen wir die Bundesregierung nicht unmäßig überfordern und gleich eine völlige Umorientierung der gesamten Energiepolitik hin zu wirksamen Energiesparmaßnahmen und der Nutzung regenerativer Energie-

---

1 DER SPIEGEL Nr. 41, S. 68, vom 10. 10. 1988.
2 WIRTSCHAFTSWOCHE, S. 104, vom 4.11.1988.

quellen fordern, um so wirksam dem CO_2 Problem begegnen zu können. Es geht einfach um ein unverzügliches Verbot der Produktion der FCKW, von denen in der Bundesrepublik 1987 70 000 Tonnen jährlich produziert und eingesetzt werden, hergestellt von lediglich zwei Unternehmen, der HOECHST AG und der KALI-CHE-MIE. Die Bundesregierung denkt aber mitnichten an ein Verbot, obwohl es von der Sache her dringend geboten und zudem sehr einfach durchzusetzen wäre und sicherlich auf keine Verständnisprobleme in der Bevölkerung stoßen würde. Auch international ist die FCKW-Produktion hochkonzentriert. Lediglich 27 Unternehmen aus acht Ländern (mit Töchtern teilweise im Ausland und Übersee) produzieren die FCKW.[1] Bonn befürchtet halt die üblichen Wettbewerbsnachteile für die beiden deutschen Chemieunternehmen, solange das Ausland die FCKW weiter produziert. Im Ausland muß dann selbstverständlich die Bundesrepublik als »Ausland« für die Fortführung der dortigen Produktion herhalten, und so schließt sich der Irrsinn kurz.

Die Dinge erweisen sich bei genauerem Hinsehen als noch viel schlimmer: »Der HOECHST AG sind keine Grenzen gesetzt, wieviel Fluorchlorkohlenwasserstoff (FCKW) bei Produktion und Verwendung in die Luft abgegeben wird. Die FR verfügt über Informationen, wonach pro Stunde einige Kilo bei der Produktion unkontrolliert in die Luft abgegeben werden. Ein Sprecher der HOECHST AG sagte dazu, die Emissionen aus diesem Produktionsbereich seien nicht bekannt. ... Das Chemieunternehmen sieht sich von der Gesetzgebung außerordentlich großzügig behandelt. ... In der Technischen Anleitung Luft (TA Luft) vom 27. Januar 1986 wird ausdrücklich die Festsetzung von Grenzwerten ausgeschlossen. Trotz der wissenschaftlichen Erkenntnisse kann die HOECHST AG nach wie vor weiter produzieren (weltweit 80 000 Tonnen FCKW jährlich un-

---

1 Siehe dazu: Erster Zwischenbericht der Enquete-Kommission Vorsorge zum Schutz der Erdatmosphäre; Deutscher Bundestag Drucksache 11/3246, S. 89 vom 2. November 1988. Dieser Zwischenbericht ist eine vorzügliche Zusammenfassung des gesamten Klima- und Ozonlochproblems und kann allen Interessierten nur wärmstens empfohlen werden.

ter dem Markennamen Frigen, d.A.), ohne die staatliche Gewerbeaufsicht fürchten zu müssen, weil der Gesetzgeber keine Konsequenzen zieht.«[1] Nach Auskunft beamteter Fachleute soll die Problematik unkontrollierter Emissionen von FCKW in der weiterverarbeitenden Industrie bei der Hartschaumherstellung und -verarbeitung noch wesentlich schlimmer sein.

Jahrelang hat man sich nicht gerührt, ist untätig geblieben und hat die notwendigen Maßnahmen verzögert. Nunmehr jagen sich die internationalen Klimakonferenzen und die Regierungen und auch Industrieverbände schließen öffentlichkeitswirksam Vereinbarungen ab. 1985 wurde das Wiener Übereinkommen zum Schutz der Ozonschicht getroffen, dessen Wirksamkeit man ja gegenwärtig überprüfen kann. Im September 1987 wurde das internationale »Montrealer Protokoll« unterzeichnet. Es beinhaltet lediglich den üblichen internationalen Minimalkonsens in der Umweltpolitik und ist voller Schlupflöcher und Umgehungsmöglichkeiten. Auch die Vereinten Nationen waren keineswegs untätig. Sie verabschiedeten 1988 die Resolution 43/53 zum Schutze des Weltklimas. Und selbst die erst jüngst stattgefundenen Klimakonferenzen von London, von Den Haag nebst der dort am 11. März 1989 verabschiedeten internationalen Erklärung »Für den Schutz der Erdatmosphäre« und die darin versprochenen drastischeren Maßnahmen seitens der Unterzeichnerstaaten als auch der am 9. März einstimmig gefaßte Beschluß des Deutschen Bundestages, die bundesdeutschen FCKW Emmissionen bis 1995 um 95 Prozent abzusenken, sind eher Ausdruck der alarmierenden Situation denn ein wirksamer Beitrag zu ihrer Bewältigung. Selbst bei einem sofortigen Produktions- und Anwendungsstopp für FCKW hätte sich die Erdatmosphäre frühestens im Jahr 2040 regeneriert. Zudem sind die von der Industrie entwickelten Substitutionsstoffe (ebenfalls überwiegend FCKW wie z.B. F22 und F134a) alles andere als unverdächtig oder gar harmlos, so-

---

[1] FRANKFURTER RUNDSCHAU vom 8. Februar 1989.

wohl was ihre Wirkung auf das Klima als auch ihre völlig unge-
klärte toxische Wirkung auf Mensch und Umwelt anbelangt. »Die
Flucht in die teilhalogenierten Gase erscheint Kritikern als gera-
dezu abenteuerlich. Wie ihre indizierten Verwandten forcieren auch
diese FCKWs den globalen Wärmestau und stören, wenn auch in
geringerem Maß, den Ozonhaushalt. Ihre toxikologische Wirkung
auf den Menschen ist noch unbekannt. Doch daß die Industrie so
scheinbar phantasielos an den Fluorchlorkohlenwasserstoffen fest-
hält, hat unter anderem wirtschaftliche Gründe: Fluor und Chlor
entstehen täglich tonnenweise bei der Herstellung anderer Aus-
gangsmaterialien – FCKWs werden gleichsam aus chemischen Abfällen zusammengesetzt. Die eigentliche Hydra ist die Chlor-Che-
mie, welche die Basis für unzählige Chemieprodukte bildet. Die
fünf in Montreal auf den Index gesetzten Substanzen sind nur ein
Teil des Problems.«[1]

Diese internationale Springprozession von Regierungen und Industrie um die klimagefährdenden FCKW illustriert und illuminiert
in bizarrer Weise die gesamte Krise der gegenwärtigen Umweltpolitik, die vor allem in einer völligen Handlungsunfähigkeit gegenüber
mächtigen ökonomischen Interessen und Gewohnheiten begründet
liegt. Umweltverträglichere Alternativen sind in nahezu allen An-
wendungsbereichen der FCKW bekannt (z.B. mineralische Dämm-
stoffe, Helium als Kühlmittel, mechanische Pumpzerstäuber), aber
dennoch setzt die Internationale der Chemieindustrie ungebrochen
auf die Entwicklung und den Einsatz von klimaverträglicheren
FCKW-Verbindungen. Es ist dies ein Stück aus dem Tollhaus der
ökologischen Selbstvernichtung der Menschheit, denn man weiß
um die Gefahren, man weiß um die notwendigen Maßnahmen,
man kennt die Alternativen, man kennt die Verursacher – und es
geschieht lange Zeit nichts und schließlich, begleitet von dem übli-

---

[1] DER SPIEGEL Nr.14, S.69, vom 3. 4. 1989. Siehe dazu auch den ausführlichen Problemaufriß
von Christine Schefer *Fluor-Chlor-Kohlenwasserstoffe: Wird ein chemischer Segen zum Fluch?*
Aus: BILD DER WISSENSCHAFT, Nr.2, S. 49ff, vom Februar 1988.

chen Konferenzballyhoo, kaum etwas. Man könnte angesichts dieser sterotyp sich wiederholenden Erfahrung einfach verzweifeln.

Hat ein neues Bundesabfallgesetz, erlassen bereits vor zwei Jahren, die Müllflut (mehr als 230 Millionen Tonnen Haus- und Industriemüll im Jahr[1]), bedingt durch eine absurde Wegwerfmentalität unserer Konsumgesellschaft, gebremst? Von Verwertung und Vermeidung im großen Stile erst gar nicht zu reden. Nein, das Gegenteil ist der Fall. Auch ein singulärer kleiner Lichtblick in der abfallpolitischen Finsternis, wie die Pfandverordnung des Bundesumweltministers für die PET-Flasche, wird nur dann den Beginn einer abfallpolitisch so dringend benötigten Trendwende bringen, wenn der zuständige Bundesumweltminister jetzt und sofort umfassend von seiner Verordnungsermächtigung zur Abfallvermeidung nach dem Bundesabfallgesetz gegenüber den Verursachern in Industrie und Handel Gebrauch macht. Dafür gibt es aber bisher keinerlei politische Anzeichen, und so wird der Erfolg bei der PET-Flasche bald wie eine Hallig in den Sturmwogen einer immer gewaltiger heranrollenden Müllflut untergehen. Allein der Export ins Ausland läßt die Ratten hierzulande noch nicht auf dem Abfall tanzen.

Die Abfallpolitik der letzten Jahre treibt die Bundesrepublik ungebremst in einen Müllnotstand hinein. Die Abfallvermeidung steht zwar im Gesetz, das war es dann aber auch schon gewesen. Nun plant man hierzulande 100 oder vieleicht sogar 120 zusätzliche Müllverbrennungsanlagen für Hausmüll, Sondermüll und Klärschlamm mit einem geschätzten Investitionsvolumen von 30 bis 45 Milliarden. In der Bundesrepublik Deutschland, dem weltweit größten Chemiestandort, gibt es jedoch keinerlei Müllvermeidungsstrate-

---

[1] »Etwa 230 Millionen Tonnen Müll produzieren Bürger und Betriebe jährlich. Darunter sind knapp dreißig Millionen Tonnen Hausmüll und hausmüllähnliche Abfälle, gut siebzig Millionen Tonnen Industrie- und Gewerbeabfall, etwa zehn Millionen Tonnen hochgiftige Sonderabfälle und etwa 125 Millionen Tonnen Bauschutt und Bodenaushub. Und die Tendenz ist steigend. Beim Hausmüll hat zwar das Gewicht leicht abgenommen. Dafür steigt das Volumen rasant an. Es erhöhte sich von 1980 bis 1984 um mehr als acht Prozent. Das Abfallaufkommen der Wirtschaft ist allein von 1982 bis 1984 um vier Millionen Tonnen gestiegen:« Fritz Vorholz *Müll im Getriebe. Die wachsenden Abfallberge zeigen die Grenze der Industrieproduktion;* aus: DIE ZEIT, S.33, vom 28.10.1988.

gie! Bis auf den heutigen Tag gibt es dazu keinerlei organisierte staatliche oder industrielle Anstrengungen, gibt es kaum Forschung geschweige den Forschungsmittel. Dabei ist jedermann klar, der die Verhältnisse kennt, daß mit der Methode »Produzieren und Beseitigen« (sei es durch Verbrennung oder sei es auf einer Deponie) keine Abfallpolitik mehr zu machen ist.

Zehn Millionen Tonnen Giftmüll jährlich zieren diese Müllflut, wobei die künstlich aufgerichteten Definitionsgrenzen zwischen Hausmüll und Giftmüll zu verschwimmen beginnen, da unser durchchemisierter Konsum und Lebensstil die Segnungen der Großchemie im Müll allgegenwärtig und also ähnlich gefährlich machen. Damit werden sich aber auch die Anforderungsgrenzen an Deponien und Müllverbrennungsanlagen nach oben verschieben und den Beseitigungsnotstand immer quälender zuspitzen. Zyniker meinen, daß allein jene von unseren Deutschnationalen so beklagte »offene Deutsche Frage«, d.h. also der reale Sozialismus in der DDR und natürlich auch in allen anderen devisenhungrigen osteuropäischen Staaten, den Zusammenbruch der bundesrepublikanischen Giftmüllbeseitigung und mehr und mehr auch das Ende der Haus-, Gewerbemüll- und Klärschlammbeseitigung verhindert. Der Sozialismus als Vehikel zur Lösung der Müllkrise des Spätkapitalismus! Wer hätte sich das jemals träumen lassen? Zunehmend verlagert sich der Giftmüllexport aber in noch ärmere Länder der Dritten Welt und wird damit endgültig nicht nur zu einem ökologischen sondern auch zu einem moralischen Skandal.

Was macht eigentlich Töpfers gefeiertes Altlastensanierungsmodell und dessen glorreiche Finanzierung durch freiwillige milde Groschen der Industrie und kräftige Summen aus dem Steuersäckel? Es war dies der umweltpolitische Hit der Saison von 1986 nach Tschernobyl und Sandoz, aber seitdem der Schöpfer dieses ökologischen Windeis seinen Ministersitz von Mainz nach Bonn verlegt hat, herrscht über allen Altlasten, frei nach Goethe, Ruh'. 40 000 Verdachtsstandorte verzeichnen die offiziellen Erfassungsstatistiken in der Bundesrepublik bisher, man darf getrost noch von einer erheblichen Dunkelziffer ausgehen. Auf 17 Milliarden DM in den nächsten zehn Jahren schätzt das Umweltbundesamt den Finanzbedarf zur Altlastensanierung, aber auch diese Schätzung dürfte viel zu vorsichtig sein, wenn man sich die Kosten einzelner großer Sanierungsprojekte der Gegenwart betrachtet, etwa den Dioxinberg in Hamburg-Georgswerder, die Giftmülldeponie Münchehagen in Niedersachsen (Dioxin), den Monte Scherbelino in Frankfurt (ebenfalls Dioxin im Sicker- und damit Grundwasser) oder Kriegsaltlasten, wie z. B. die beiden ehemaligen Munitionsfabriken und riesigen Altlasten in Hessisch Lichtenau und Stadt Allendorf in Hessen. Gewiß, in jedem Landeshaushalt wird man einige Millionen zur Erkundung, Sicherung und gar Sanierung von Altlasten eingestellt finden, aber angesichts der Quantität und des Risikopotentials der Altlasten in der Bundesrepublik Deutschland verdienen diese Beträge nicht einmal mehr die Bezeichnung eines Trinkgeldes. Die Verursacherhaftung der Industrie, bei der Altlastensanierung unbedingt in harter D-Mark einzuklagen, harrt hier, wie auch in den meisten anderen Fällen industrieller Verursacherhaftung, scheinbar niemals kommender Dinge, und dies ist allemal preiswert für die Verursacher.

Wird die Wasserqualität unseres Grundwassers und der Oberflächengewässer etwa besser oder ist der Rückgang der Grundwasserqualität auch nur gebremst worden? Davon kann keine Rede sein, im Gegenteil. Hohe Nitratanteile und zunehmende Belastungen mit Pflanzenschutzmitteln machen mehr und mehr Grundwasserreserven für den menschlichen Gebrauch gefährlich oder völlig unmöglich. Mit einem Alarmruf meldete sich Ende Juli die Vereinigung freiberuflicher Chemiker in Baden-Württemberg zu Wort. Proben aus 300 Wassererfassungen von 200 Gemeinden hatten ergeben: In rund 35 Prozent der untersuchten Trinkwasserquellen fanden sich Konzentrationen an Pflanzenschutzmitteln, die den vom 1. Oktober an geltenden Grenzwert überschreiten. Am häufigsten wurde Desethylatrazin, ein Abbauprodukt des Pflanzenschutzmittels Atrazin gefunden, eine Substanz, von der bekannt ist, daß sie Krebs erregt.«[1] Atrazin soll nun zum 1.1.1990 verboten werden, und dies war hohe Zeit. Aber dieser Stoff wird uns und unsere Gesundheit auch in Zukunft noch über viele Jahre wenn nicht gar Jahrzehnte hinweg belasten, da er in den Böden schwer abbaubar ist.

Oh, Du wunderschöner deutscher Rhein, Du hättest wieder bessere Wasserqualität, Gewässergütekategorie II (was immer das auch heißen mag in der Wirklichkeit!) da und dort, munkelt man. Ein gewisser Herr Töpfer nahm ja unlängst ein wettlauniges Bad in der aufgemotzten Kloake. Er wird es nach eigenem Bekunden nie wieder tun und rät allen Nachahmungstätern dringend von solchem Vorhaben ab. Rhein und Elbe sind nach wie vor als Flüsse getarnte gesamteuropäische Abwässerkanäle, die ihre Schadstofffrachten in die Nordsee entleeren, die wir ebenso ungehemmt und preiswert wie unsere Atemluft, das Grundwasser und die Böden als wilde Giftmüllkippen mißhandeln und dadurch ruinieren. Allein der Rhein lieferte 1985 in Holland und damit in der Nordsee »eine Million Tonnen biologisch schwer abzubauende Chemikalien« ab, »31 000 Tonnen Ammonium, 28 000 Tonnen Phosphor, 3 840 Tonnen Schwermetalle, 3 000 Tonnen chlorierte Kohlenwasserstoffe, davon nach Recherchen des SPIEGELS 40 Tonnen Nervengifte.«[2] Auf dieser Kloake tuckern zudem noch 75 Prozent der europäischen Binnenschiffahrt herum, und beziehen mehr als 20 Millionen Verbraucher ihr aufbereitetes Trinkwasser. Na, denn man Prost!

Diese Monotonie der quantifizierten Fakten ödet an, ich weiß, und in diesem Angeödetsein der Menschen durch die endlose Kette ätzender Fakten liegt eine der wesentlichen Stärken des amtlichen Umweltschwindels. Der Alltag verträgt sich eben schlecht mit der Apokalypse. Aber dennoch sei Neptuns Elend bis zum bitteren Ende in der Nordsee ausgeschrieben: 5 Millionen Tonnen Klärschlamm, 2,1 Millionen Tonnen flüssige Industrieabfälle, 1,65 Mil-

1 DER SPIEGEL Nr.32, S. 38/39, vom 8.8.1988.
2 *Leben mit der Chemie* – Martin Urban, Hrsg., S.11, München 1987.

lionen Tonnen feste Industrieabfälle, 1,6 Millionen Stickstoff und Phosphor, 116 000 Tonnen Öl, 106 000 Tonnen Giftmüllverbrennung auf See, 28 000 Tonnen Schwermetalle und 20 000 Tonnen Schiffsabfälle.[1] Dies ist der jährliche Beitrag der europäischen Anliegerstaaten zur Ökologie der Müllkippe Nordsee, und die Bundesrepublik Deutschland ist da dicke mittenmang.

Vergessen wir jetzt aber für einige Zeit das feuchte Element, und begeben wir uns den Lurchen gleich auf das Festland. Wie steht es um die deutsche Scholle? Haben wir in der Bundesrepublik in den letzten Jahren die Flächenversiegelung (120 Hektar Landschaft verschwinden *täglich* unter Asphalt und Beton) verringert, den Landschaftsverbrauch wirklich eingeschränkt, das Artensterben aufgehalten, eine maßlos chemisierende industrielle Landwirtschaft zurückgedrängt (30 000 Tonnen Pflanzengifte werden jährlich allein in der Bundesrepublik auf Feld, Wald, Flur und Gärtlein ausgebracht) oder wenigstens in ihrem verderblichen Wachstum angehalten? Nein. Und hier genau erlaube man mir eine kurze Unterbrechung in der Analyse.

Beim Abfassen dieses Buches geriet der Autor in ein für die gegenwärtige Umweltpolitik typisches Dilemma: Er wurde durch täglich neue Fakten überrannt und ertappte sich selbst beim Abfassen einer Art »unendlicher Geschichte.« Nur daß man es dabei nicht mit einem Traumland »Phantasia« sondern mit dem Alptraum der harten, umweltpolitischen Realitäten zu tun hatte. So wurde am heutigen Tag, dem 24. April 1989, einem Montag, ruchbar, daß der Bundesumweltminister Töpfer seine Novelle zum Naturschutzgesetz für diese Legislaturperiode zurückgezogen hat. Er wurde vom Kanzler und der Bonner Koalitionsrunde höchstselbst niedergemacht, denn die Novelle zum Naturschutzgesetz drohe die Bauern den REPUBLIKANERN in die Arme zu treiben. So zumindest die allerhöchste Sicht der Dinge im Kanzleramt, und ein weiterer Wählerverlust

---

[1] SÜDDEUTSCHE ZEITUNG vom 20. 6. 1988.

abbaubarkeit –
degradability

ist so ziemlich das Letzte, was Helmut Kohl gegenwärtig brauchen kann. Dann schon eher weitere Naturverluste, und so soll es also weder einen Wegfall noch auch nur eine Änderung der »Landwirtschaftsklausel« zugunsten des Naturschutzes geben, geschweige denn eine von Töpfer unter viel Beifall der Öffentlichkeit angekündigte »Naturschutzabgabe« für Flächen- und Landschaftsverbrauch. Eine industrielle Landwirtschaftspolitik hat sich damit auf der ganzen Linie in Bonn durchgesetzt.[1] Am selben Tag, an dem im Fraktionsvorstand der CDU/CSU die Quellensteuer auf Kapitalerträge zurückgenommen und dies der Öffentlichkeit mitgeteilt wurde, verkündete der Regierungssprecher in Bonn zugleich Klaus Töpfers gattungsgeschichtlichen Rückfall in das Zeitalter der Wirbellosen. Nach dieser katastrophalen Niederlage im Kernbereich der klassischen Umweltpolitik, nämlich beim Naturschutz, kann man von Umweltpolitik in Bonn wohl nicht mehr sprechen.

Von Töpfers schneller politischer Abbaubarkeit zurück zur Persistenz der Umweltgifte im Boden. Die meisten Pflanzenschutzmittel sind schwer abbaubar, in ihren Abbauprodukten zudem völlig unüberschaubar und daher eher noch gefährlicher als von den Herstellern behauptet. Bei einer Untersuchung des Pilzgiftes »Quintozen« durch das Bundesgesundheitsamt stellten die Chemiker fest, daß achteinhalb Jahre nach seiner Anwendung im Boden 32 verschiedene Abbausubstanzen vorhanden waren! Von den 1250 Tonnen Chemikalien, die bei der Katastrophe von Sandoz im November 1986 verbrannten, waren die gefährlichsten Rheinkiller jene 950 Tonnen Agrogifte, die zu neunzig Prozent aus hochgiftigen Phosphorsäureester- und Quecksilberverbindungen bestanden.[2] Deren Einsatz ist in der Landwirtschaft in Westeuropa teilweise bereits seit geraumer Zeit verboten. Wurden also die Giftexporte in die Länder der Dritten Welt aus der Bundesrepublik nach 1986 verringert

---

1 DER SPIEGEL Nr.17, S. 21ff, vom 24. 4. 1989.
2 *Das Ereignis, Chemiekatastrophe am Rhein* – Hrsg. von Guido Bachmann, Peter Burri, Toya Maissen., S. 137, Basel 1986.

oder wenigstens im Inland auch die Herstellung und der Vertrieb solcher Agrogifte verboten, die hierzulande nicht genehmigt sind und also auch nicht eingesetzt, wohl aber produziert und gewinnbringend exportiert werden dürfen? All diese Fragen lassen sich schlicht und prägnant beantworten: nein, nein, dreimal nein, und auch ein viertes Mal nein.

Diese trübsinnige und deprimierende Litanei des umweltpolitischen Versagens ließe sich noch über Seiten hinweg in gebetsmühlenhafter Weise fortsetzen. Sieht man allein auf die Fakten und die faktische Lage unserer Umwelt und nicht auf die Politiker, Konferenzen, Hochglanzbroschüren und großflächigen Werbeanzeigen im modischen grünen Make Up, betrachtet man also die Hauptschadensquellen unserer Industriegesellschaft, als da sind Energie, Verkehr, Chemie, Petrochemie, Landwirtschaft, und kennt man unsere windelweichen Umweltgesetze und die dramatischen Vollzugsdefizite bei deren Umsetzung, die völlig unzureichenden Kontrollen und die mangelnde Gefahrenabwehr, schaut man dann noch nach den Investitionssummen für Umweltschädigung einerseits und Umwelterhaltung andererseits, vergleicht deren Verhältnis zueinander und vergleicht damit noch die jeweiligen Ansätze in den öffentlichen Haushalten, so endet man bei einem nüchternen Entsetzen über das Versagen aller bisherigen Umweltpolitik.

Zudem darf auch ein wichtiges machtpolitisches Faktum nicht übergangen werden, nämlich daß umweltpolitische Themen zwar mittlerweile Wahlentscheidungen beeinflussen können, bis heute aber noch nie den Ausschlag bei Wahlen gegeben und neue Mehrheiten für einen ökologischen Aufbruch ermöglicht haben. Sowohl die Tschernobyl-Wahlen in Niedersachsen im Juni 1986 als auch die Plutonium-Wahlen in Hessen im April 1987, in denen es zweimal um die an der herrschenden Atompolitik zugespitzte Machtfrage ging, wurden zugunsten des Status Quo entschieden. Und auch die jüngsten Erfolge für Rot-Grün bei den Senatswahlen in Berlin und den Kommunalwahlen in Hessen ändern an dieser Feststellung nichts. Sie sind eher Ausdruck einer allgemeinen Krise der konservativen Bonner Koalition und eines Vertrauensverlustes in die Regierungsparteien, denn Ergebnis eines neuen ökologischen Bewußtseins in der westdeutschen Wählerschaft. »Just for show« lautet daher die umweltpolitische Bilanz des vergangenen Jahrzehnts in der Bundesrepublik. Als beeindruckend bleibt jedoch zweifellos festzuhalten, daß das Publikum diese Show goutiert und trotz stinkender Fakten in Hülle und Fülle dem faulen Ökozauber der offiziellen Umweltpolitik immer noch – wie lange noch? – glaubt.

Wenn es mit dieser Form von Umweltpolitik bei anhaltender, ja tatsächlich zunehmender Umweltschädigung so weitergeht, dann wird es zum Ende dieses Jahrtausends böse enden für unsere wichtigsten Ökosysteme und damit auch für uns selbst. Die gegenwärtige Umweltpolitik erinnert in ihrer bemühten Hilflosigkeit an den Besucher eines Autorennens, der die dort rasenden Akteure davon überzeugen will, daß sie das Rauchen sein lassen, da es gesundheitsschädlich ist. Er tut dies zudem noch mit einem völlig untauglichen Mittel, indem er lediglich still für sie betet. Was wir angesichts der Lage der Umwelt jedoch dringenst und unverzüglich brauchen, ist eine Umweltpolitik, die Schritt für Schritt den Irrsinn des Rennens selbst beendet und sich nicht mit Belanglosigkeiten, untauglichen Unterfangen und erbarmungswürdigen Mitteln abgibt. Mit stiller Andacht, weiteren zahnlosen Gesetzen und dahinwelkenden Versprechungen der Verantwortlichen wird sich dies allerdings nicht erreichen lassen.

SIMSALABIM UND ABRAKADABRA – DIE KRISE DER UMWELTPOLITIK

Kluge Leute haben für unsere hochtechnisierte Zivilisation den Begriff der »Risikogesellschaft« gefunden, d.h. wir haben es hier mit Gesellschaften zu tun, in denen die technische Katastrophe als zentrales Gefährdungspotential die sozialen und ökonomischen Krisen abgelöst hat (was aber keineswegs heißen soll, daß es diese in Zukunft nicht mehr geben wird). Die Risiken der Großtechnik und ihre unerwünschten Folgen in Gestalt von Gift- und Schadstoffemissionen, Radioaktivität, Abfall etc. und die damit einhergehende Drohung des Umkippens ganzer Ökosysteme und der Gefahr eines zukünftigen Verlustes unserer Lebensgrundlagen sind meistens hoch abstrakt. Man muß sie messen, naturwissenschaftlich definieren, ja sie entziehen sich in ihrer Reaktionsdifferenziertheit weitgehend einer konkreten Zukunftsprognostik, von der sinnlichen Erfahrbarkeit durch die meisten Menschen ganz zu schweigen. Radioaktivität etwa entzieht sich den menschlichen Sinnen. Man schmeckt, riecht, hört und sieht sie nicht, und nimmt man ihre Folgen einmal am eigenen Körper wahr, dann ist es bereits zu spät. Kein Fachmann der organischen Chemie wagt eine Prognose darüber, was wir unserem Planeten, seinen Gewässern, Böden und seiner Atmosphäre allein in den fünfundvierzig Jahren seit dem Ende des II. Weltkrieges mit den Segnungen der organischen Chemie tatsächlich angetan haben und täglich weiter antun und welche Konsequenzen diese durch Menschen geschaffenen Belastungen für die verschiedenen Ökosysteme langfristig haben werden. Ähnliches ließe sich auch zu den Konsequenzen der Freisetzung gewaltiger Mengen von Radioaktivität, von Schwermetallen und einer verschwenderischen Energieumwandlung fragen. Die Antworten wären wohl entmutigend.

Die Umweltpolitik hat es vornehmlich mit den akuten und strukturellen Risiken einer großtechnologischen Naturaneignung und

Massenproduktion zu tun, d.h. mit den lokalen aber auch weltweiten unerwünschten und gefährlichen Folgen der Industriegesellschaft, und sie erfüllt dabei die Doppelfunktion sowohl einer *schmutzigen Magd* als auch die eines *Schamanen.* Sie soll nämlich die ökologischen Belastungen und Gefährdungen ungeschehen machen oder zumindest mildern, ohne die Ursachen selbst beheben zu können und beheben zu dürfen. Hinzu kommt die Abstraktheit der Risiken und last, but keineswegs least die gewaltige, vor allem wirtschaftliche und damit auch politische Macht der Verursacherinteressen. Diese Aufgabe ist unlösbar, und was Wunder also, wenn sich die Umweltpolitik angesichts dieser Quadratur des Kreises sehr schnell in faulem Zauber erschöpft.

Ein Beispiel: Wie soll man als verantwortlicher Politiker den Menschen heute klarmachen, daß sie mit dem altertümlichen Verbrennungsmotor in ihrem Auto und mit einem niedrigen Benzinpreis nicht nur die Umwelt hoch belasten, sondern auch eine wertvolle Ressource, zu deren Produktion die Natur Jahrmillionen gebraucht hat, binnen weniger Generationen verbrennen werden, nur um sich Mobilitätsillusionen zu verschaffen, sich also insgesamt unvernünftig verhalten? Und wie und vor allem wer soll sie dann auch noch zu einer Verhaltensänderung veranlassen? Ein wesentlich höherer Energiepreis wäre weitaus vernünftiger, ebenso ein Verkehrssystem, in welchem das Auto (400 Millionen Automobile weltweit, die sich innerhalb von dreißig Jahren verfünffacht haben! Jeder dritte Westeuropäer verfügt über ein Automobil, in China jedoch unter 2022 Menschen nur einer. Wenn die Chinesen einen ähnlichen Motorisierungsgrad, wie unsereins ihn hat, anstreben, dann gute Nacht schöne Welt!) seinen alleinseligmachenden Platz verlieren würde und lediglich als eine Komponente unter mehreren einzusetzen wäre. Aber es hängt eben jeder siebte Arbeitsplatz hierzulande direkt oder indirekt von der Automobilindustrie ab, die daher sehr mächtig ist und die wiederum in ihren Umsätzen von niedrigen Treibstoffpreisen, schnellen Modellwechseln, mangelnder Konkurrenz anderer Verkehrssysteme und einer hohen Straßendichte beeinflußt wird – und so spinnt sich die Geschichte fort bis zu ihrem bitteren ökologischen Ende. Stürzte die Monarchie in Frankreich einst über den Brotpreis, so scheinen die Treibstoffpreise in der Bundesrepublik in ihrer politischen Bedeutung heute an dessen Stelle getreten zu sein. Dennoch soll die Umweltpolitik die unerwünschten Folgen des Automobilverkehrs beheben, ohne diesen selbst auch nur antasten zu dürfen. Wie tut sie das?

Ganz einfach: der zuständige Umweltminister handelt! Und da er weder an die Ursachen ran darf, noch gar über die Organisation und schon gar nicht über die finanziellen Mittel verfügt, um an die Ursachen wirklich heran zu kommen, selbst wenn er dürfte, da also die Realität für ihn mies und kaum beeinflußbar ist, muß sich der gute Mann eben eine eigene Realität für sich und sein Publikum erschaffen. Gelingt ihm diese öffentliche Illusion, so ist er ein guter Umweltminister, scheitert er hingegen bei der politischen Magie, dann zum Teufel mit ihm. Nicht die Katastrophen an sich sind politisch gefährlich, sondern die Ängste bei den Wählern, die sie auslösen. Sie gilt es zuerst und vor allem zu therapieren, kapiert?

Der Wald stirbt, das Publikum ist empört, die Medien berichten Lästiges, Wahlen stehen ins Haus und negative Auswirkungen sind zu befürchten. Ergo muß eine Katalysatordiskussion her, während gleichzeitig die Zulassungszahlen für Neuwagen dynamisch nach oben rauschen. Ergebnis dieser Diskussion ist eine staatliche Maßnahme: Der geringste Teil der Neuwagen wird demnach überhaupt über Katalysatoren verfügen, da kein gesetzlicher Zwang festgeschrieben wird, die wenigen, freiwillig erworbenen Katalysatoren bei Neuwagen müssen nur einem windelweichen Eurowert entsprechen, dessen Entlastungsnutzen mehr als zweifelhaft ist. Die Katalysatoren funktionieren zudem bei Vollgas kurzzeitig nicht, um den Beschleunigungsfaktor des Autos nicht abzusenken, Hochgeschwindigkeitsautos selbst im Mittelklassebereich dominieren aber zunehmend den Markt, das Automobil als Hauptverursacher des Waldkillers Stickoxide sondert diese gerade bei hohen Geschwindigkeiten extrem ab, ein Tempolimit wird wg. Automobilindustrie und deren

Umsatz politisch nicht durchgesetzt, und per Verordnung werden 1,9 Millionen Diesel-PKW mit ihren krebserregenden Rußpartikeln zu schadstoffarmen Kraftfahrzeugen erklärt. Das ist kein modernes Schauermärchen, oh nein, und auch keine böswillige Satire. Diese Geschichte hat sich wirklich so zugetragen in der Bundesrepublik Deutschland in der Mitte des neunten Jahrzehnts des zwanzigsten Jahrhunderts.

Doch zurück zur aktuellsten Gegenwart. »Bonn schreibt strengere Abgaswerte vor«, liest man zum Frühstück am 15. April 1989 auf der Titelseite der FRANKFURTER RUNDSCHAU. »Alle Neuwagen müssen ab 1. Oktober 1991 Drei-Wege-Katalysatoren haben. . . . Der Staatssekretär im Bundesumweltministerium, Clemens Stroetmann, sprach von einem entscheidenden Durchbruch für den Katalysator.« Hallo! Da reibt sich der müde Leser erstaunt die grünen Äuglein. Sollte jetzt, vier Jahre nach dem elenden Katalysatorzauber der EG und der Bundesregierung von jenem 22. März 1985, die Erleuchtung über die Umweltminister der Länder und des Bundes auf der Umweltministerkonferenz (UMK) in Düsseldorf gekommen sein? Weit gefehlt! Nach dem Frühstücksei war das HANDELSBLATT zur Lektüre angesagt und siehe da, das morgendliche Zeitungswunder entpuppte sich als eine bis zum Erbrechen bekannte umweltpolitische Methode, nämlich schlagzeilenwirksam lediglich wortgewaltige »Versprechen« auf die Zukunft abzugeben, also nichts weiter als die übliche umweltpolitische Wechselreiterei ohne überprüfbare Deckung.

»Der geregelte Drei-Wege-Katalysator *soll* (! d.A.) spätestens ab Oktober 1991 Pflicht werden«, beschreibt das HANDELSBLATT vom 15. April 1989 den umweltpolitischen Scheindurchbruch der UMK wesentlich genauer. »Die Umweltminister erwarten von der Automobilindustrie sowie den Importeuren eine kurzfristige Zusage, alle Autos serienmäßig mit einem geregelten Katalysator anzubieten. Sollten Verhandlungen in den nächsten Monaten nicht zu ›akzeptablen Ergebnissen‹ führen, so sind nach dem Beschluß ›im nationalen Alleingang frühestmöglich, spätestens aber zum 1. Oktober 1991

32

für alle Autos den US-Vorschriften entsprechende verbindliche Grenzwerte einzuführen.‹« 1985 wurde die Opposition im Bundestag für die Forderung nach einem nationalen Alleingang bei der Abgasreinigung von der Koalition aus CDU/CSU/FDP noch ausgelacht. Die Autos deutscher Urlauber würden am Brenner stehen bleiben, so die damalige und heutige Bunderegierung als Begründung. Jetzt, im Jahre 1989, erkennt man auch in Bonn das völlige Scheitern der eigenenen Luftreinhaltepolitik. Denn man höre weiter das HANDELSBLATT und staune: »Zur Begründung führte Hessens Umweltminister Weimar aus, daß insbesondere in den Städten vielfach Überschreitungen der Stickstoffoxid-Emissionen und Belastungen mit weiteren gesundheitsgefährdenden Stoffen zu verzeichnen seien. Diese Emissionen lägen zum Teil über den in der TA Luft festgelegten Höchstgrenzen.« Man ringt nach Luft angesichts solcher Offenbarungen. »Gesundheitsgefährdend!« verkünden da die Umweltminister auf ihrer Konferenz im Präsens, Indikativ! Konsequenzen? Im zweiten Futur 1991, im imperativisch getarnten Konjunktiv! Und die Leute sind es zufrieden. Dabei wurden bisher vier ganze Jahre verschenkt, und sollten die amtlichen Umweltschalmeien 1991 tatsächlich Wirklichkeit werden, so wären es deren sechs Jahre. Sechs Jahre »gesundheitsgefährdend«, sechs Jahre anhaltendes Waldsterben, und die Umweltminister von Bund und Ländern lassen sich mit ihrem ungedeckten Öko-Wechsel auf 1991 auch noch als handelnde Heroen feiern. Es ist zum Jaulen.

Die Schlagzeilen unserer heldenhaften Minister waren gerade getrocknet und eine starke Woche alt, da knallte eine krachende Ohrfeige der ADAM OPEL AG den hochmögenden Heroen des Alleingangs von 1991 um die Ohren. Daß die Einführung des geregelten Drei-Wege-Katalysators für alle mit Benzin betriebenen Autos sofort und auch für Kleinwagen möglich ist, bewies ausgerechnet die deutsche Tochter von GENERAL MOTORS in einem sensationellen Alleingang. Vom 24. April 1989 an liefert die ADAM OPEL AG alle mit Benzin getriebenen Modelle nur noch mit geregeltem Drei-

Wege-Katalysator aus![1] Man weiß nicht, ob man lachen oder weinen soll. Freude kommt auf, daß ein großer westdeutscher Automobilhersteller jetzt endlich in die richtige Richtung voranmacht und sich damit zurecht auch einen bedeutenden Marktvorteil verspricht. Und weinen muß man angesichts jenes versammelten Drohpotentials aus Bund und Ländern, das da Umweltminister heißt und eine Woche zuvor den »entscheidenden Durchbruch beim Katalysator« (Stroetmann) für 1991 beschlossen hat. Herr, erbarme Dich Ihrer – und vor allem unser!

Verstehen Sie jetzt, verehrte Leserin und verehrter Leser, was »Handeln« bei einem Bundesumweltminister heißt, ja heißen muß? Er »will« das Waldsterben bekämpfen und die Autos mit einem Katalysator ausrüsten lassen, und so streitet er sich öffentlichkeitswirksam auf Konferenzen in Brüssel und in Bonn. Ergebnis siehe oben und siehe die Waldschadensberichte seines Kollegen Landwirtschaftsministers in den darauffolgenden Jahren, aber der Umweltminister hat gehandelt! Die Öffentlichkeit ist beruhigt, denn, bitteschön, bei uns wird ja einiges für die Umwelt getan.

Noch krasser läßt sich dieses fiktionale Handeln der Umweltbehörden anhand der Atomenergie und ihrer Krisen und der amtlichen Krisenbewältigung demonstrieren: Der atomare Supergau von Tschernobyl im Frühjahr 1986 löste auch in der Bundesrepublik eine Umweltkrise aus, die sich dann sehr schnell zu einer gewaltigen Vertrauenskrise gegenüber der weiteren Nutzung der Atomenergie fortentwickelte. Tschernobyl zeigte den Umweltbehörden, wie machtlos sie im Falle einer Atomkatastrophe in der Bundesrepublik oder in ihrer unmittelbaren Nähe tatsächlich sein werden, da einer großflächigen radioaktiven Kontamination von Umwelt, Nahrungsmitteln, Menschen nichts entgegenzusetzen wäre. »Man muß sich nur einmal fragen«, so *Ulrich Beck* in seinem Buch *Risikogesellschaft*, »was sich eigentlich im Handeln hätte ändern können, wenn

---

1 »Opel fährt mit serienmäßigem Katalysator allen voran.« FRANKFURTER NEUE PRESSE vom 22. April 1989.

es auch nach amtlichen Maßstäben zu einer akut gefährlichen Verseuchung von Luft, Wasser, Tier und Mensch gekommen wäre. Wäre dann das Leben – Atmen, Essen, Trinken – von Amts wegen gestoppt, gedrosselt worden? Was geschieht mit der Bevölkerung eines ganzen Erdteils, die in unterschiedlichen Graden (nach »fatalistischen« Variablen wie Wind und Wetter, Entfernung zum Unglücksort usw.) unheilbar verseucht ist? Können ganze Länder(gruppen) in Quarantäne gehalten werden? Bricht intern das Chaos aus? Oder hätte sich auch in einem solchen Falle am Ende alles so vollziehen müssen, wie es sich nach Tschernobyl vollzogen hat?«[1]

Genau dies war die Erfahrung der Umweltverwaltung mit Tschernobyl. Und da aus politischen Gründen (allein aus politischen Gründen!) an der Ursache – der Nutzung der Atomenergie zum Zwecke angeblich billiger Stromerzeugung – nicht gerührt werden durfte und darf, mußte das fiktionale Handeln in der Welt der Symbole her. Zuerst wurde gemessen, und als man feststellte, daß die Werte weit über dem bisher Zulässigen lagen, Tschernobyl aber nicht ungeschehen gemacht werden konnte, änderte man halt die zulässigen Grenzwerte, indem kluge Leute so lange hin und her rechneten, bis die strahlende Realität mit den zulässigen Werten wieder übereinstimmte. Aus dieser Erfahrung folgte übrigens die Konsequenz, daß der Bundesumweltminister – so die geänderte Strahlenschutzverordnung – in zukünftigen ähnlichen Fällen das radioaktiv Zuträgliche per Rechtsverordnung dem Anlaß angemessen wird festsetzen können.

Als weitere reaktive Maßnahme wurde durch den Bundeskanzler ein Bundesumweltminister berufen, dessen Kompetenz, Ausstattung und Mittel schlicht lächerlich waren und sind. Er berief Konferenzen ein, nationale und internationale, reiste hierhin und dorthin, bramarbarsierte vom »einmaligen deutschen Sicherheitsstandard«, vom »besseren internationalen Informationsaustausch« – vier Monate

---

1 Ulrich Beck – *Risikogesellschaft*, S. 7/8, Frankfurt/M 1986.

später gab es dann im Atomkraftwerk Cattenom in Ostfrankreich einen schweren Störfall mit einem gewaltigen Wassereinbruch im noch nicht angefahrenen Kraftwerk (die Mosel hatte sich unversehens in den Keller des Atomkraftwerks verirrt), von dem der Bundesumweltminister erst Tage später aus Paris unterrichtet wurde! Tatsächliche Sicherheitsmaßnahmen, wie wenigstens das Abschalten der ältesten Atomkraftwerke in der Bundesrepublik, die selbst den heute erforderlichen Sicherheitsstandards für neu zu bauende Atomreaktoren bei weitem nicht mehr entsprechen, unterblieben allein aus wirtschaftlichen Gründen, denn diese Atomkraftwerke sind voll abgeschrieben und daher besonders gewinnträchtig, von weitergehenden Maßnahmen wie dem Ausstieg aus der Atomenergie ganz zu schweigen. Die einzige bisher erkennbare konkrete technische Maßnahme ist der Einbau eines sogenannten »Wallmannventils« in das Druckgefäß des Atomkraftwerks Brokdorf, damit im Falle einer Kernschmelze die Radioaktivität mittels des Ventils »kontrolliert« in die Umwelt entlassen werden kann. Ob das funktioniert, weiß Gott allein, und der möge uns davor bewahren, in dieser Frage jemals Gewißheit zu erlangen. Mehr Sicherheit der Atomkraftwerke heißt das gewiß nicht, wohl aber Tröstung für die Leichtgläubigen und deren »kontrollierte« radioaktive Verseuchung im Katastrophenfalle.[1]

Es dauerte noch ein weiteres Jahr, der Tschernobylschock schien hierzulande überwunden, da begann in Hanau der Atomschieberskandal mit Bestechungen rund um den radioaktiven Müll ruchbar

---

[1] Die ganze schreckliche Wahrheit über Tschernobyl und die Folgen dringt erst allmählich an die Öffentlichkeit. Unter der Überschrift: »Krebserkrankungen bei Tschernobyl verdoppelt – Behörden raten zum Verzicht auf Schwangerschaft,« schreibt die FRANKFURTER RUNDSCHAU vom 16. Februar 1989 auf ihrer Titelseite folgendes: »Drei Jahre nach der Reaktorkatastrophe im sowjetischen Tschernobyl hat sich die Zahl der Krebserkrankungen in den damals nicht evakuierten Gebieten verdoppelt. ... Immer noch liege die Strahlenbelastung um ein Vielfaches über dem Erlaubten, die sanitären Bedingungen für die Bevölkerung seien katastrophal, heißt es in den ›Moskauer Nachrichten‹. Außerdem werde ein alarmierender Anstieg von Fehlgeburten und Mißbildungen bei Haustieren und Vieh beobachtet. Unter Berufung auf medizinische Statistiken aus der Region schreibt die Zeitschrift, über die Hälfte der Kinder aus dem Distrikt Naroditschi, rund 90 Kilometer von Tschernobyl entfernt, litten an Erkrankungen der Schilddrüse. Krebserkrankungen insbesondere der Mundwege und Speiseröhre hätten sich seit dem Unglück verdoppelt.«

zu werden. Die angeblich sichersten Atomkraftwerke der Welt wurden, so mußte es ein erstauntes Publikum zur Kenntnis nehmen, von Sicherheitsbeauftragten und Ingenieuren überwacht und betrieben, die bereits für geringe Summen und bizarre Sachgeschenke nebst reichlich spendierten Bordellbesuchen käuflich waren. Eine wirksame staatliche Überwachung der Atommülltransporte und der sie betreibenden Firmen existierte so gut wie nicht, und schließlich mußte die Bundesregierung noch den Nachweis des illegalen Handels mit Atombombenmaterial mit Drittländern befürchten. Auf den Atommüllskandal wurde dann ebenfalls wieder mit faulem Zauber reagiert. Ein neues Amt sollte geschaffen werden, das »Bundesamt für Strahlenschutz«, die Hanauer Unternehmen wurden »neu geordnet«, d.h. einige Gesellschaftsanteile im NUKEM-ALKEM-RBU-TRANSNUKLEAR-HOBEG Atomdorf wurden zwischen SIEMENS, DEGUSSA und dem RWE hin- und hergeschoben, aber die Atomtransporte in der Bundesrepublik (1 470 Transporte mit Kernbrennstoff wurden 1984 der *Physikalisch-Technischen Bundesanstalt* im Jahr 1984 gemeldet[1]) werden dadurch nicht weniger, werden auch nicht besser kontrolliert und überwacht. Die Behörden werden dies auch mit einem neuen Bundesamt für Strahlenschutz weder organisatorisch leisten noch gar technisch umsetzen können.

Deprimierend dabei ist auch, daß es den Betreibern der Hanauer Atombetriebe und den politisch Verantwortlichen in Land und Bund gelang, hinter der Nebelwand der Unternehmensumorganisation haarsträubende Sicherheitsdefizite bei den beiden wichtigsten Hanauer Atombetrieben bei der RBU (sie stellt die Brennelemente für die Mehrzahl der westdeutschen Atomkraftwerke her) und vor allem bei der ALKEM (sie ist die einzige Plutoniumfabrik in der Bundesrepublik und hochgefährlich!) verschwinden zu lassen oder gar zu legalisieren. Bei ALKEM findet der Umgang mit Plutonium

---

[1] Jürgen Stellpflug – *Der weltweite Atomtransport*, Greenpeace Report 2, S. 89, Reinbek bei Hamburg 1987.

in Produktionsstätten jetzt und für die kommenden zwei bis drei Jahre statt, die heute lediglich durch atemberaubende 0,8 Millimeter dünne Aluminiumtrapezbleche geschützt sind, mitten in der Einflugschneise für den Rhein-Main-Flughafen und mittlerweile mit einer kraß rechtswidrigen, befristeten Genehmigung der Behörden versehen. Damit diese Produktionsstätte nach dem Atomgesetz aber in Zukunft genehmigungsfähig wird, wird ein Neubau errichtet, der sowohl gegen Erdbeben, Druckwellen und Flugzeugabstürze gesichert sein soll, d.h. er wird über zwei Meter dicke Stahlbetonwände und Decken verfügen! So sind sie halt, die atomaren Realitäten hierzulande.

Während die Öffentlichkeit im Dezember 1987 noch in vorweihnachtlicher Ergriffenheit jene wundersame Hanauer atomare Faßvermehrung mit entzücktem Entsetzen verfolgte, ahnten die Südhessen nicht, daß sie in der Nacht vom 16. auf den 17. Dezember um Haaresbreite an einem schweren Unfall im Atomkraftwerk Biblis A vorbeigeschrammt waren, der zu unbeherrschbaren Folgen bis hin zur unkontrollierten Freisetzung großer Mengen an Radioaktivität in die Umwelt hätte führen können. Der Störfall in Biblis strafte das ganze posttschernobyle Geschwätz der Wallmänner, Töpfer und Birkhofer schändlich Lügen. Nichts war es mit dem hohen Sicherheitsstandard der westdeutschen Atomkraftwerke, nichts mit dem hervorragenden Ausbildungsstand unserer Kraftwerksfahrer («Lieb Vaterland magst ruhig sein... »), nichts mit dem Postulat »Sicherheit vor Wirtschaftlichkeit«, nichts mit »Transparenz« und »rückhaltloser Offenheit!«

Was war geschehen? Beim Anfahren des Reaktors im Block A von Biblis schloß eines von zwei Ventilen an einer Leitung zwischen dem Primärkreislauf und einem Nachkühlkreislauf nicht. Beide Ventile müssen unabdingbar geschlossen sein, wenn der Reaktor angefahren wird, da die Leitungen des Nachkühlsystems dem hohen Druck im Primärkreislauf beim kritischen Reaktor nicht standhalten können und zudem diese Leitungen aus dem Containment des Reaktors herausführen, und das heißt, daß der Abschluß der Radioaktivität im Containment selbst im Versagensfalle des Reaktors – die zentrale These westdeutscher Reaktorsicherheitsphilosophie überhaupt! – von Anfang an nicht vorhanden gewesen wäre. Zwei Schichten der Bedienungsmannschaft hatten das offene Ventil nicht bemerkt oder aber falsch darauf reagiert, d. h. eigentlich gar nicht. Erst die dritte Schicht handelte, aber anstatt den Reaktor sofort abzufahren, versuchte sie durch ein kurzzeitiges Öffnen des Letztabsperrventils das erste Ventil zu schließen, um so ein völliges Abfahren des Reaktors zu umgehen – und dies auf telephonische Weisung des zuständigen Blockleiters. Hätten die in Biblis am frühen Morgen des 17. Dezember 1987 das Letztabsperrventil nicht mehr zubekommen, dann wäre ein unbeherrschbarer Atomunfall in der Mitte der Bundesrepublik nicht mehr auszuschließen gewesen. Und warum das alles? Es gibt nur Wirtschaftlichkeitsgründe für das katastrophale Verhalten der Bedienungsmannschaft (800 000 DM hätte ein Stillstand von 24 Stunden das RWE gekostet), andere überzeugende und einleuchtende Gründe liegen nicht vor.

Ein Jahr lang wurde dann in schöner Eintracht zwischen Betreibern und Atomaufsicht geschwiegen und vertuscht. Der Hanauer Atommüllskandal und die Beinahekatastrophe von Biblis wären wohl zuviel der Zumutungen für die atomgeängstigte Wählerschaft zwischen der Jahreswende 1987/88 und dem Frühjahr 1988 gewesen, und so übten sich Energiekonzern und Atomaufsicht in stummer Fürsorge. Und nachdem der Skandal auf dem Umweg über Nordamerika und mit ziemlich genau einem Jahr Verspätung auch hierzulande ruchbar geworden war und der hauptverantwortliche hessische Umweltminister politisch mit dem Rücken nicht einmal mehr an der Wand stand, sondern vielmehr bereits durch die Wand zu fallen drohte, da begann dasselbe abgekartete Spiel zwischen Betreiber und Atomaufsicht, wie man es bereits vom Hanauer Atomskandal her kannte, um die Handlungsfähigkeit der Umweltverwaltung zu demonstrieren, die Vertrauenskrise in die Atomenergie bei der Bevölkerung zu begrenzen und alles zu tun, um eine Stillegung des Atomkraftwerks Biblis zu umgehen. Ach ja, und zum Jahrestag des Hanauskandals kam es dann schließlich doch noch heraus, daß deutsche Firmen Atombombentechnologie nach Pakistan, Indien und Südafrika geliefert haben, einfach so und über Jahre hinweg bis in den letzten Sommer hinein, während gleichzeitig in Straßburg, Bonn und Wiesbaden drei Untersuchungsausschüsse in den jeweiligen Parlamenten sich um die Aufklärung der Vorwürfe bemühten. Und diesmal gab es sogar bereits ein zuständiges Bundesamt, nämlich das *Bundesamt für Wirtschaft.* Aber genutzt hat es auch nichts, das Amt, wie ja der Gang der Ereignisse bewiesen hat.

Summiert man also die Folgen aus Tschernobyl für die Atompolitik der Bundesrepublik, so kommt man zu folgender Bilanz: Ein neuer Minister, neue und flexibel dem Anlaß anzupassende Strahlenschutzgrenzwerte, ein neues Ventil, vier weitere Atomkraftwerke bis zum heutigen Tag am Netz (das AKW Mülheim-Kärlich wurde mittlerweile wegen krasser Fehler im Genehmigungsverfahren durch ein Verwaltungsgericht wieder stillgelegt), ein Schneller Plutoniumbrüter im Wartestand, eine atomare Wiederaufarbeitungsanlage im Bau (wie lange noch?), ein neues Bundesamt für Strahlenschutz, einen ausgesessenen Atommüllskandal, einen schweren Beinaheunfall im Atomkraftwerk Biblis mit anschließender Vertuschung durch Betreiber, Behörden und Politiker, der Nachweis des Exports von Atombombentechnologie durch westdeutsche Firmen nach Pakistan, Indien und Südafrika, ein tiefsitzendes Mißtrauen in der überwältigenden Mehrheit der Bevölkerung gegen die Atomenergie bis hin zur Ablehnung, und ansonsten geht alles weiter wie bisher, vor allem in der Energiepolitik. Nur daß die Atomindustrie und die zuständigen Minister die Weihnachtszeit fürderhin als eine Zeit der atomaren Offenbarungen fürchten werden wie der Teufel das Weihwasser. Ach ja, und selbstverständlich haben Umweltminister gehandelt.

Es liegt mir fern, Depressionen und Resignation verbreiten zu wollen, aber ich plädiere für eine ungeschönte Analyse der umweltpolitischen Tatsachen, auch wenn diese schmerzt und durchaus zu Depressionen führen kann. Tatsache ist eben leider, daß der Bundesumweltminister im Haushaltsjahr 1988/89 über einen Etat von sage und schreibe 529,6 Mill. DM verfügt, eine gewaltige Summe, aber das sind eben leider nur 1,8 Promille des 275,4 Milliarden Mark umfassenden Bundesetats! Der Kulturetat der Stadt Frankfurt/M beträgt im selben Zeitraum 425 Millionen DM. Damit ist eigentlich alles gesagt, und man könnte unter vernünftigen Leuten die Diskussion beenden und schweigend gemeinsam weinen. 1,8 Promille der Finanzen des Bundes für die Umwelt, den zentralen Krisenbereich der Gegenwart! Man glaubt es kaum, wenn man es nicht selbst nachrechnet. Und der Bundesumweltminister verkauft seine finanzielle Kastration auch noch als Erfolg, da er erstens keine eigenen Vollzugskompetenzen habe, was schlicht gelogen ist (man denke z. B. an das Abfallgesetz, wo nur der Bund in Fragen der Vermeidung auf dem Verordnungswege tätig werden kann), sondern diese allein bei den Ländern lägen, und zweitens die geringe Summe die Wirksamkeit des Verursacherprinzips in der Bundesrepublik nachweisen würde, da die wichtigsten Umweltinvestitionen von den Verursachern selbst vorgenommen würden. Diese Aussage ist eine erbärmliche Frechheit. Betrachtet man sich nämlich die Realität, so führt nichts an dem bedrückenden Urteil vorbei, daß sowohl strafrechtlich als auch haftungsrechtlich und finanziell das Verursacherprinzip weltweit zwar den schönsten Mythos der Umweltpolitik abgibt, zugleich aber auch ihren abgeschmacktesten Witz. Wo, bitte, haften denn in der Bundesrepublik die Verursacher? Selbst wenn man jetzt wieder die milliardenschweren Investitionen für die Rauchgaswäsche von SO_2 bei Großfeuerungsanlagen heranzieht, so ist dies einfach falsch: Über die monopolisierten Strompreise bezahlt am Ende allein der Verbraucher und nicht die verursachenden Anlagenbetreiber. Und zudem haben gerade die sich in der Vergangenheit mit ihren Kraftwerken ohne Rauchgaswäsche bereits eine goldene Nase verdient, ohne daß sie deswegen für Umweltsanierungsmaßnahmen auch nur mit einem zusätzlichen Pfennig zur Kasse gebeten worden wären.

Man nehme und vergleiche einmal die Summe der Umwelthaushalte von Bund und Ländern mit der Bilanzsumme, den Umsätzen und den Gewinnen der westdeutschen Großchemie, der Mineralöl-industrie, der Stromkonzerne und der Automobilindustrie. Laut der vom Verfasser am 17. April 1989 eingeholten mündlichen Auskünfte bei den jeweiligen Industrieverbänden und beim Statistischen Bundesamt belief sich der Umsatz in der Großchemie 1988 auf 150,9 Milliarden DM (Quelle: VCI), bei den deutschen Mineralölherstellern und -verarbeitern (ohne Berechnung der Mehrwertsteuer) 1988 auf 66,8 Milliarden DM (Quelle: Stat. Bundesamt), bei den Erzeugern von elektrischem Strom 1987 auf 94,4 Milliarden DM (Quelle: VDEW) und in der Automobilindustrie und KFZ Bau auf 182,68 Milliarden DM (Quelle: VDA). Man füge dem noch die Agrarsubventionen für die Landwirtschaft hinzu und saldiere dann einmal: Das Ergebnis in Mark und Pfennig wird deprimierend sein für die Umwelt, ein aussichtsloses Rennen gegen die Schadensverursacher, z. B. gegen die Großchemie. In der Bundesrepublik sind allein in diesem Industriezweig ca. 530 000 Menschen beschäftigt, jährlich werden dort 150 Milliarden DM umgesetzt, etwa die Hälfte geht in den Export. Damit ist die chemische Industrie der zweitgrößte Exporteur des Landes. »Am Standort Rhein werden allein in der Bundesrepublik im Jahr drei Millionen Tonnen Chlorverbindungen, 160 000 Tonnen Pestizide, über eine Million Tonnen PVC, 500 000 Tonnen Methanol und 1,3 Millionen Tonnen Lacke und Verdünnungsmittel produziert.«[1]

Betrachten wir uns nun die jüngste Entwicklung der Großchemie im Lichte der Zahlen des VERBANDES DER CHEMISCHEN INDUSTRIE (VCI), also keineswegs einer Tarnorganisation der GRÜNEN: In den ersten neun Monaten des Jahres 1988 »ist die Produktion um fünf (eine Schreckensmeldung für die Umwelt! d. A.), der Umsatz um sieben Prozent auf 113 Milliarden DM gestiegen. Die Investititonen dieses Jahres werden mit 10 Milliarden DM eine Rekordhöhe erreichen, davon mindestens 10 Prozent (sic!) für Umwelt-

---

[1] *Leben mit der Chemie*, a.a.O S.11.

schutzmaßnahmen (also 1 Milliarde für die gesamte westdeutsche Großchemie!). Für die Forschung soll mit 10 Milliarden DM (das Zehnfache des Betrags für Umweltschutzmaßnahmen!) der gleiche Betrag verwendet werden.«[1] Und die Gewinne der Großchemie? In den ersten drei Quartalen 1988 verdienten im jeweiligen Konzern Gewinn vor Steuer: BASF 2,64 Milliarden (+22,7 Prozent gegenüber demselben Zeitraum in 1987), BAYER 2,95 Milliarden (+22,8), HOECHST 2,95 Milliarden (+34,2).[2] Diese Zahlen sprechen eigentlich ausreichend für sich selbst, und dagegen wirkt unser Bundesumweltminister mit seinem Fakirhaushalt von einer halben Milliarde DM eigentlich nur noch irgend etwas zwischen lächerlich und bemitleidenswert.

Lutz Wicke und Mitarbeiter des Umweltbundesamtes haben errechnet, daß pro Jahr in der Bundesrepublik Umweltschäden für ca. 100 Milliarden DM verursacht würden, die privaten und öffentlichen Umweltinvestitionen beliefen sich aber lediglich auf 30 Milliarden DM. Bliebe ein Defizit von 70 Milliarden zu Lasten der Umwelt per anno, soweit – und dies ist gegenüber all diesen Berechnungen und Quantifizierungen von Umweltschäden in Preisen ein gewichtiger Vorbehalt – die Schäden überhaupt wieder behebbar sind. Nun mag man an den Zahlen zweifeln, da es sich um Schätzwerte handelt, aber die Größenordnung und die Proportionen dürften die Sache wohl treffen. Der Chemiekonzern BAYER wirbt gegenwärtig mit Umweltschutzausgaben von 1 Milliarde DM, verteilt allerdings auf eine nicht näher spezifizierte Anzahl von Jahren. Das macht noch nicht einmal den Gewinn vor Steuern eines einzigen Jahres dieses Großverursachers für Umweltschäden aus. Analoges gilt für andere Unternehmen der Großchemie. Gewiß ist es richtig, daß die Umweltinvestitionen in den letzten Jahren zugenommen haben, auch wenn die Umweltpropaganda da weitaus größer ist als die tatsächlichen Zahlen. Sie liegen bis 1984 beim statistischen Bundesamt

---

1 So die FRANKFURTER ALLGEMEINE ZEITUNG am 22. 10. 1988 in ihrem Wirtschaftsteil.
2 WIRTSCHAFTSWOCHE, S. 43, vom 2.12.1988.

vor und zeigen eher einen matten Anstieg. Bezogen auf die Ausgaben für Umweltschutz von Staat und produzierendem Gewerbe von 1980 20,56 Milliarden DM auf 1984 22,72 Milliarden muß man inflationsbereinigt, wenn man die Preise von 1980 zugrunde legt, sogar ein Absinken der gesamten Umweltschutzinvestitionen feststellen, nämlich von 20,56 Milliarden auf 19,72 Milliarden.[1] Selbst wenn man einen weiteren vorsichtigen Anstieg der Umweltschutzinvestitionen seit 1984 unterstellt, bleibt die Tatsache, daß wenn man sie mit den Zahlen der Wachstums- und Wirtschaftsdynamik gerade der letzten Jahre vergleicht (1988 3,4 Prozent reales Wachstum!), es sich bei all diesen Zuwächsen im Umweltbereich immer noch um nicht mehr als um den berühmten Tropfen auf den heißen Stein handelt, der ja bekanntlich wirkungslos im Nichts verdampft.

Anders gesagt: jährlich sind z. B. die ökologischen Belastungen von 33,6 Milliarden Liter Benzin, 14,8 Milliarden Liter versteuertem Diesel, 44 Milliarden Liter Heizöl, 160 000 Tonnen produzierten und 30 000 Tonnen ausgebrachten Pestiziden, 1,3 Millionen Tonnen Stickstoffmineraldünger, 0,8 Millionen Stickstoff-Stalldung, 230 Millionen Tonnen Haus- und Gewerbemüll, 4 Millionen Tonnen Giftmüll, 450 Millionen Batterien, 1,3 Millionen Tonnen Waschmittel, 3,4 Milliarden Getränkedosen, 140 Millionen Treibgasdosen und 33 764 237 Kraftfahrzeugen (Stand vom 1. Juli 1988) zu bewältigen, und das macht Freude. Angesichts dieser »Realitäten« zwingt sich eine bittere Schlußfolgerung auf: Mit den Mitteln der gegenwärtigen Umweltpolitik ist damit schlichterdings nicht fertig zu werden, selbst wenn wir den Idealfall der äußersten Gutwilligkeit und völligen wirtschaftlichen Interessenunabhängigkeit der beteiligten Umweltpolitiker und der Staatsverwaltungen annehmen.

Was, so stellt sich die Frage, wäre denn los gewesen in dieser unserer Bundesrepublik, wenn im Sommer des Jahres 1987 nicht die Nordsee ökologisch am Umkippen und die niedlichen Robben am

---

1 Siehe Statistisches Bundesamt, WZB-IIUG; aus: *Umweltschutz zwischen Reparatur und realer Utopie* – Hrsg. von der IG Metall, S. 61, Köln 1988.

Krepieren gewesen wären, sondern wenn stattdessen eine westdeutsche Großbank in die Zahlungsunfähigkeit hineingeschlittert wäre und statt der Robben reihenweise Kapitalanleger und Sparer ihren letzten Heuler von sich gegeben hätten? Bundesregierung und Kreditwirtschaft hätten sofort gehandelt. Was rede ich, sie hätten es unter dem Einsatz aller politischen und ökonomischen Mittel überhaupt nicht soweit kommen lassen. An sofortigen und sofortigsten Stützungsprogrammen in Milliardenhöhe hätte es nicht gefehlt, kein Gesetz der Marktwirtschaft wäre heilig genug gewesen, auf daß man es nicht unverzüglich außer Kraft gesetzt hätte, wenn es einer Rettung der angeschlagenen Großbank im Wege gestanden hätte. Kurzum, der wirtschafts- und finanzpolitische Notstand wäre erklärt und darauf entsprechend mit allem reagiert worden, was diese Republik zu bieten hat.

Ganz anders reagierte man hierzulande auf das ökologische Umkippen eines zentralen Ökosystems, wie es die Nordsee zweifellos ist. Der arme Lazarus des Bundeskabinetts, der Bundesumweltminister, durfte ein Zehn-Punkte-Sofortprogramm[1] der entsetzten Öffentlichkeit vorstellen, das selbst im optimalsten Falle des unverzüglichen und vollständigen Vollzugs die Schmerzen der Patientin Nordsee vielleicht in zehn Jahren, also gegen Ende des Jahrtausends, einmal zu lindern vermocht hätte, an der Krankheit als solcher allerdings wird es selbst unter den denkbar optimalsten Bedingungen nichts zu ändern vermögen. Es besteht allein aus Versprechungen und einigen faustdicken Lügen: Bereits in Punkt 1 und 2, wo es um die Begrenzung der Phosphor- und Stickstoffeinträge aus kommunalen Kläranlagen geht, wird als Termin der 1.1.1989 angeben. Nun, da hat sich seit der letzten Neujahrsnacht materiell nichts, aber auch gar nichts verändert, weil bis dahin mit diesen Maßnahmen und Mitteln überhaupt nichts zu verändern war! Die Industrie bekommt, wie könnte es auch anders sein, in dem Papier und auf

---

[1] Hektographierte Presseveröffentlichung des Bundesministers für Umwelt, Naturschutz und Reaktorsicherheit: Verstärkte Maßnahmen zum Schutz von Nord- und Ostsee, vom 22. Juni 1988.

dem Papier sogar noch eine drei Monate längerwährende Frist bis zum 31. März 1989, aber bis dahin wird sich dort genauso wenig getan haben. Heute, am 20. April 1989, findet sich folgende kleine Notiz in der Zeitung:»Schärfere Abwassergrenzwerte. Die Bundesregierung hat gestern eine Reihe von Verwaltungsvorschriften beschlossen, mit denen die Nährstoffbelastung der Gewässer verringert werden soll. Unter anderem werden neue Grenzwerte für die Einleitung von Phosphor aus kommunalen Kläranlagen festgelegt. ... Die neuen Verordnungen müssen noch vom Bundesrat gebilligt werden.«[1]

Ansonsten enthält Töpfers Nordseerettungsprogramm Verordnungsankündigungen für die nähere und weitere Zukunft, die Ankündigung eines Gewässerrandstreifenprogramms (was den frustrierten Naturschützer freut, weil er vor lauter Niederlagen ein Abgrund an Bescheidenheit geworden ist, aber dieses Programm wird wenig bringen und viele, viele Monate und Jahre der Realisierung harren), ein Versprechen auf mehr Meeresforschung in den kommenden Jahren und ein Versprechen auf verbesserte internationale Abstimmung. Dieses Programm zur Rettung der Nordsee ist recht eigentlich ein Beitrag für das politische Kabarett, ist politische Realsatire vom feinsten aus dem Bonner Umweltministerium, es ist aber alles andere als ein Sofortprogramm zum praktischen Handeln.[2]

Ein bizarres Faktum soll hier noch erwähnt werden, weil es symp-

1 TAZ vom 20. April 1989. Es handelt sich hierbei um die besprochenen Maßnahmen aus dem SOFORTPROGRAMM der Bundesregierung zur Rettung der Nordsee! Sie sind noch nicht beschlossen (Bundesrat!) geschweige denn umgesetzt worden, aber gut Ding muß halt Weile haben in der Umweltpolitik. . .
2 Am 21. April 1989 erreichte mich die schriftliche Antwort des Hessischen Ministers für Umwelt und Reaktorsicherheit auf eine mündliche Frage des Abg. Fischer in der Sitzung des Umweltausschusses des Hessischen Landtages vom 22. Februar 1989. Sie ist es wert, in dem hier erörterten Zusammenhang dokumentiert zu werden:»Frage: Liegen die zum Punkt ›Begrenzung gefährlicher Stoffe nach dem Stand der Technik in industriellen Abwässern‹ zum 31. 12. 1988, 31. 03. und 30. 06. 1989 angekündigten Verwaltungsvorschriften ebenfalls vor? Antwort: Gegenüber den Terminvorstellungen im 10-Punkte-Programm von Umweltminister Töpfer ›Verstärkte Maßnahmen zum Schutz von Nord- und Ostsee haben sich Verzögerungen ergeben.‹« So sehen die Dinge bei näherem Hinsehen aus. Aus: Ausschußvorlage UWA/12/78 des Hess. Landtages.

tomatisch für den Zustand der Umweltpolitik der Bundesregierung ist: Unter dem Datum vom 02. 10. 87, Töpfer war schon ein halbes Jahr im Amt, veröffentlichte der Deutsche Bundestag unter der Drucksachennummer 11/878 eine neununddreißig Seiten schwere »Unterrichtung durch die Bundesregierung – Bericht der Bundesregierung an den Deutschen Bundestag zur Vorbereitung der 2. Internationalen Nordseeschutz-Konferenz (2. INK) vom 21. September 1987«. Es ist eine das ökologische Debakel der Müllkippe Nordsee im wesentlich ungeschönt darstellende traurige Bilanz, bis auf den Punkt »B. Zustand der Nordsee IV.6. – Zusammenfassung: Die Auswirkungen des Schadstoffeintrags auf das Ökosystem Nordsee sind nicht wissenschaftlich fundiert nachzuweisen (der gesamte Bericht beweist das Gegenteil! d.A.). Versuche – insbesondere bezüglich des Nährstoffeintrags – deuten indes auf einen Zusammenhang der Einträge mit festgestellten Beeinträchtigungen hin. Trotz der zum Teil besorgniserregenden Belastung von Teilgebieten der Nordsee mit Schadstoffen ist allerdings festzuhalten, daß das Ökosystem Nordsee in seiner Gesamtheit noch seine natürliche Form aufweist.« Wer sagte es denn? Ein knappes Jahr danach schlug die Algenblüte zu und krepierten die Seehunde in der Nordsee, und plötzlich gab es enormen Handlungsbedarf in Bonn bis hin zum berüchtigten »Zehn-Punkte-Sofortprogramm« Töpfers. Dies ist Katastrophenpolitik in Reinform.

Wäre die Nordsee eine Großbank und der Rhein ein multinationaler Chemiekonzern, beiden ginge es hervorragend, umsorgt und umhegt von allen Mächten der Politik, der Industrie und der Finanzwelt. Es ist eine absurde Verkehrung der Verhältnisse, denn unsere gesamte industriell gefertigte Wohlstandskultur gründet auf der perspektivischen Selbstvernichtung, indem sie besinnungslos ihre natürlichen Lebensgrundlagen mit industriellen Mitteln auspowert und damit ruiniert. Täglich sägt dieses Industriesystem immer schneller an dem Ast, auf dem es sitzt, und von dem es lebt, und freut sich auch noch unter dem breiten Beifall des Publikums über die satt ersägten Erfolge – 3,4 Prozent reales Wirtschaftswachstum 1988 in der Bundesrepublik, Jubel.

Nichts war es mit einem milliardenschweren Crashprogramm zur bundesweiten Errichtung zusätzlicher Reinigungsstufen für Stickstoffe und Phosphor in den kommunalen Kläranlagen, nichts mit einer sofortigen Düngemittel- und Pestizidbegrenzung in der Landwirtschaft, nichts mit einem harten Schnitt bei den industriellen Großeinleitern von Giften und Schadstoffen in die westdeutschen Flüsse, kein sofortiges Verbot der Dünnsäureverklappung und Giftmüllverbrennung auf hoher See, nichts, aber auch gar nichts dergleichen! Im Gegenteil, als man sich wegen der Steuerreform und leerer öffentlicher Kassen in Bonn entschloß, eine Erdgassteuer einzuführen, da geschah dies eben nicht aus ökologischen Gründen und nicht zu ökologischen Zwecken. Der Chemieriese BASF schrie damals, im Herbst 1988, sofort auf: Er werde seine auf dem Rohstoff Erdgas beruhende Düngemittelproduktion mit insgesamt 1000 Arbeitsplätzen aus des Kanzlers Heimat und Wahlkreis in Ludwigshafen ins Ausland nach Antwerpen verlagern. Der Bundesfinanzminister knickte unverzüglich ein, BASF wurde von der Erdgassteuer exkulpiert, und der Umweltminister tauchte in der ganzen Affäre schweigend ab. Und so ergab sich der Irrsinn, daß 1988, im Jahr der sterbenden und tränenreich betrauerten Nordsee, eine neue Energiesteuer hierzulande beschlossen und zum Jahresende eingeführt wurde, welche die Düngemittelproduktion mit ihren umweltschädlichen wasserbelastenden Folgen bewußt ausnimmt, den Einsatz von Erdgas als Brennstoff (und Erdgas verfügt bei der Verbrennung unter den vier wesentlichen fossilen Brennstoffen Steinkohle, Braunkohle, Erdöl und Erdgas über die günstigsten Emmissionswerte) aber verteuert. Es ist dies schlicht eine verrückte Umweltpolitik.

Man weiß allenthalben, auch unter Konservativen und in den Umweltministerien des Bundes und der Länder, daß die Umweltpolitik gegenwärtig Gefahr läuft, endgültig zum Narrenzug eines ungebrochenen Raubbaus an der Natur zu verkommen. Die Ahnung von der Vergeblichkeit der gegenwärtigen Umweltpolitik, von ihrer völligen Unangemessenheit gegenüber dem alltäglichen ökologischen Desaster unserer Industriegesellschaften und von dem drohenden

Anwachsen der Risikopotentiale hat bei den Umweltpolitikern aller Parteien bereits seit einigen Jahren zu einer Diskussion über die notwendigen umweltpolitischen Instrumentarien geführt. Aber auch hier hatte ein weiteres Mal allein die Symbolik der öffentlichen Diskussion Konjunktur. Eine vertiefende theoretische Anstrengung etwa in der Wirtschafts- und Finanzwissenschaft findet sich allerhöchstens als Marginalie, und in der politischen Praxis tobt ein erbitterter Konkurrenzkampf zwischen Null und Nichts.

Stand im Anschluß an die Katastrophe von SANDOZ im November 1986 ein schadensunabhängiges Haftungsrecht und eine Umkehr der Beweispflicht zwischen Geschädigtem und Schädiger im Vordergrund, so empört es im Januar 1989 niemanden mehr, wenn man aus Bonn vernimmt, daß es dazu zwar bis 1990 eine Regierungsvorlage geben dürfte, verabschiedet werde sie aber erst wesentlich später. Dies gälte auch für eine Verschärfung des Umweltstrafrechts. »Anfang bis Mitte der neunziger Jahre ist mit Regelungen in beiden Bereichen zu rechnen. Der Unfall von Sandoz, Auslöser der Regierungsaktivitäten, ereignete sich im November 1986.«[1] Gegenüber diesem wahnsinnigen Tempo des Herrn Töpfer und der Bundesregierung wirkt eine Schnecke wie Ben Johnson bei dem Gewinn der Goldmedaille – uneinholbar schnell.

Doch weg von der Polemik, auch wenn dies dem Autor, die verehrte Leserschaft wird es merken, angesichts von Lage und Akteuren sichtlich schwerfällt, zurück zur Sache. Gegenwärtig ist quer zum Parteienspektrum die theoretische Diskussion um Umweltsteuern ausgebrochen und findet nachhaltiges Interesse. Gewiß, der Gedanke einer ökologischen Steuerreform ist unter drei Gesichtspunkten bestechend: Erstens mittels zusätzlicher Steuern auf Umweltbelastung und Umweltverbrauch, um diese für die Verursacher finanziell weniger attraktiv zu machen. Zweitens um sich dadurch gleichzeitig Finanzquellen für Umweltsanierungsmaßnahmen zu er-

---

[1] DIE WELT vom 25. Januar 1989.

schließen und damit vor allem umweltverträgliche Alternativen zu finanzieren. Und drittens um auf die Schadensverursacher einen ökonomischen Anreiz zur Schadensverringerung durch Umweltinvestitionen auszuüben, sich also wenigstens zu Teilen mit dem heiligen Egoismus, dem innersten Geheimnis unserer Industriegesellschaft, zu verbünden, und so die bürokratische Schwerfälligkeit der bisherigen Umweltpolitik zu überwinden. Allein, auch dieser wichtigen Diskussion um Umweltsteuern droht das Schicksal des Umwelthaftungsrechts, wenn sie singulär und praktisch folgenlos bleibt.

Die gegenwärtige Umweltpolitik ist im wesentlichen auf staatliche Ordnungsmaßnahmen durch Gesetze, Verordnungen und Verwaltungsvorschriften beschränkt, begleitet von einem vor sich hindämmernden Umweltstrafrecht, das sich im wesentlichen um die Eierdiebe kümmert, embryonalen Ansätzen ökonomischer Steuerungsinstrumente wie der Abwasserabgabe und einem Haftungsrecht, das diesen Namen eigentlich nicht verdient, weil es gegenwärtig kaum die Haftung der Verursacher für akute und schon gar nicht für langfristige und strukturelle Umwelt- und Gesundheitsschäden durchzusetzen vermag. Exekutiert wird dieses bürokratische Unterfangen durch eine größtenteils schlecht organisierte, weil entlang zufälliger Umweltkatastrophen politisch ins Leben gerufene staatliche Verwaltung, die personell erheblich unterbesetzt ist, zudem schlecht bezahlt wird im Verhältnis zu den Fachleuten der Großverursacher und technisch diesen oft unterlegen, ja abhängig von ihnen ist. Dadurch sind die verheerenden Vollzugsdefizite der staatlichen Umweltgesetzgebung im System programmiert.

Eine weitere Schwierigkeit: das Handeln der Umweltverwaltung gegenüber den Verursachern ist unglaublich schwerfällig, bürokratisch aufwendig und daher selten umfassend genug und folglich meistens den Problemen und Belastungen hinterherlaufend. Erst wenn der Schaden nicht mehr zu übersehen oder gar zu überriechen ist, d.h. wenn über kurz oder lang eine kleine oder auch größere Umweltkatastrophe offensichtlich droht oder gar bereits eingetreten ist (man lese nur einmal die Drucksachen der Bundesregierung über die

Lage der Nordsee seit Beginn der achtziger Jahre und wird erstaunt sein, den Katastrophensommer 1988 dort fast bis ins Detail in Ursache und Wirkung prophetisch beschrieben zu finden, sie blieben nur völlig folgenlos), dann erst kommt in der Umweltpolitik die Stunde der Exekutive, was heißt, daß man allzuoft nur versucht, den Schaden mühselig zu begrenzen.«Alleine zum neuen Wasserhaushaltsgesetz, zum Abfallgesetz und zur neuen TA Luft umfassen die einschlägigen Loseblattsammlungen für den Betriebspraktiker schon heute, keine zwei Jahre nach Inkrafttreten, zusammen zehn jeweils tausendseitige Bände,« analysiert *Ernst Ulrich von Weizsäcker*[1] diese bürokratische Hilflosigkeit.

Hinzu kommt bei dieser Politik bloßer Umweltreparatur, daß ein heilloser Verdrängungswettbewerb zwischen den verschiedenen Umweltmedien ausgelöst wird und werden muß. Verbesserte Luftreinhaltung oder verbesserte Abwasserreinigung zum Beispiel, ohne wirklich greifende Maßnahmen bei der Schadensverursachung, verlagern die Schadstoffe lediglich auf die Abfallseite und vergrößern dort den Notstand. Zudem kommt es meistens durch jeden weiteren Reinigungsschritt zu einer notwendigerweise eintretenden Konzentration der Schadstoffe, was ihre Deponierung immer kritischer macht. Und nach einem Zeitverzögerungseffekt geraten sie über die Deponie oder die Verbrennung erneut in Luft, Böden und Gewässer oder Grundwasser, und die ganze Malaise beginnt von vorn. Diese Tatsache spricht nicht gegen verstärkte technische Reinigungsleistungen entlang der Schadstoffpfade und Umweltmedien, sondern sie zeigt lediglich deren sisyphoshaften Widersinn, solange man nicht mit mindestens dem gleichem Aufwand die Schadensursachen abzustellen versucht.

Zurück zum Problem der Schwerfälligkeit aller Umweltbürokratie. Man versuche sich einmal den Zweikampf zwischen der unbeschreiblichen Dynamik eines Unternehmens der Großchemie mit

---

1 Ernst Ulrich von Weizsäcker *Plädoyer für eine ökologische Steuerreform;* hektographierte Veröffentlichung des INSTITUT FÜR EUROPÄISCHE UMWELTPOLITIK, Bonn o.J.

der lediglich wahre Staubstürme entfesselnden Aktenhuberei einer ärmelschonerbewaffneten Umweltverwaltung im praktischen Alltag vorzustellen, und man wird sofort begreifen, daß wir es hier mit einer dramatischen Waffenungleichheit zu tun haben. Es ist auch eine völlig illusorische Annahme zu glauben, die großen Risikopotentiale der Industrie ließen sich durch bürokratische Maßnahmen wirksam und auf Dauer kontrollieren und begrenzen. Selbst in einem der reichsten Länder dieser Erde, in der Bundesrepublik, würde eine derart aufgeblähte Umweltverwaltung den Staatshaushalt sprengen, denn diese Bürokratie wäre niemals finanzierbar, weil zu gewaltig, und zudem würde sie an ihrer eigenen Größe kollabieren und wäre daher ein unnützes Monstrum.

Verwenden wir einmal experimentell die ökonomische Terminologie, wenn wir von der Umwelt sprechen, denn der Zeitgeist drückt sich nunmal in Penunzen, Währungs- und Aktienkursen, Rentenpapieren und Rohstoffbörsen, Umsätzen, Gewinnen, Verlusten, Guthaben und Schulden aus. Bleiben wir bei den Schulden, der Staatsschuld, jenem Schreckgespenst des westdeutschen Wohlstandsbürgers. Ökonomisch gesprochen ist unser Wirtschafts- und Wohlstandssystem zu wesentlichen Teilen nichts Geringeres als eine einzige gewaltige Spekulation zu Lasten der Natur. Von dieser Spekulation kann man bisher zwar nicht sagen, *wann* sie zu Ende gehen wird, wohl aber *wie* sie zu Ende gehen wird, wenn sie ungebrochen anhält, nämlich im sektoralen oder schließlich auch im allgemeinen ökologischen Crash. Die Wachstumszahlen der westlichen und östlichen Volkswirtschaften sind seit dem Ende des Zweiten Weltkriegs im wesentlichen durch einen gewaltigen Raubbau zu Billigstpreisen an unseren natürlichen Lebensgrundlagen ermöglicht worden. Es wurden Hypotheken auf die Zukunft aufgenommen, im Ressourcenverbrauch, beim Verkehr, in der Energiewirtschaft, in der Chemie und Landwirtschaft in einer Größenordnung, die hierzulande bei einer analogen Staatsverschuldung bereits zur Revolution und Konterrevolution in einem geführt hätten. Gegenüber dieser Verschuldung unserer Gesellschaft an der Umwelt erscheint selbst die amerikanische Finanzpolitik unter Ronald Reagan (der in seinen acht Amtsjahren eineinhalb Mal soviel an Staatsschulden produziert hat wie alle Präsidenten vor ihm zusammen in 192 Jahren, und der die Staatsschuld der Vereinigten Staaten auf die astronomische Summe von 2,6 Billionen US-Dollar hat anwachsen lassen) als hausväterlich solide und finanzpolitisch von hoher Weisheit und Verantwortung für die Zukunft geprägt. Diese ökologischen Schulden der Industrieländer werden für kommende Generationen kaum abzutragen sein, da sie neben ihren riesigen Dimensionen die Grundlagen eines möglichen Schuldendienstes zu vernichten drohen. Und je offensichtlicher die Kosten dieser Hypotheken steigen, desto schneller und gewaltiger wird am Rad dieser Spekulation gegen die Umwelt gedreht.

Eine Spekulation zu beenden, die Preise der Realität wieder anzunähern, ist ein krisenhafter, ein verlustreicher, ein schmerzhafter Prozeß. Freiwillig ist dazu kaum ein Anleger zu bewegen, und also vollzieht sich dieser Prozeß meistens naturwüchsig, im Crash und der damit einhergehenden Kapital-, Vermögens- und Existenzvernichtung. Bei dieser spekulativen Schuldenorgie unseres Industriesystems zu Lasten der Umwelt auf einen solchen Zusammenbruch zu warten, wäre allerdings selbstmörderisch und in hohem Maße verantwortungslos. Diese Entwicklung ist jedoch nicht auszuschließen: daß es nämlich mangels der politischen Durchsetzungsfähigkeit von wirklich tiefgreifenden Alternativen genau zu diesen ökologischen Crashs kommen wird, denn der politische Wille zu einem radikalen Bruch mit dieser Spekulation ist national und international so gut wie nicht vorhanden.

Die Schicksalsergebenheit in den suizidalen Idiotismus unserer industriellen Zivilisation ist jedoch keine Handlungsalternative, und daher wird es alles zu unternehmen gelten, um diese Spekulation gegen die Umwelt mit politischen Mitteln *jetzt* zu beenden. Politisch wird die Umweltkrise in den neunziger Jahren sowohl national wie international zur beherrschenden Frage werden, und diejenigen Länder, die den unverzichtbaren ökologischen Umbau als erste in

Angriff nehmen und dann auch erfolgreich bewältigen, werden auch die bevorzugten Standorte einer ökologisch orientierten internationalen Arbeitsteilung sein. Radikalisierte, auf kurzfristigen ökologischen Raubbau und soziale Ausplünderung angelegte neokonservative Modernisierungsmodelle à la Thatcher werden hingegen absehbar in einer Sackgasse enden, da sie innerhalb der nächsten Dekade von ihren ökologischen und sozialen Defiziten und daraus resultierenden enormen gesellschaftlichen Kosten überrannt zu werden drohen. Ob und in welchen Zeiträumen dieser ökologische Umbau einer spätkapitalistischen Industriegesellschaft gelingen kann, ist eine offene und zugleich politisch ungemein spannende Frage, denn man hat es dabei mit völligem Neuland und zugleich als Gegnern mit den gewaltigsten Mächten und Interessen in Wirtschaft und Gesellschaft zu tun.

DAS ENDE DER ÖKOLOGISCHEN BESCHEIDENHEIT

Wenn Umweltpolitik praktisch wird, so geschieht dies entweder durch demokratisches, staatliches oder wirtschaftliches Handeln. Bisher war die Umweltpolitik im wesentlichen das Ergebnis demokratisch organisierten Drucks von unten, der sich in Protesten und aufklärenden Diskursen umgesetzt hat, und von staatlichem Handeln, das sich in staatlichen Gesetzen und Verordnungen, bürokratischer Kontrolle und wenigen bescheidenen Investitionshilfen erschöpft hat. Von einem ökologischen Handeln der Wirtschaft im strengen Sinne sind wir hingegen noch am weitesten entfernt. Im letzten Jahrzehnt waren die Veränderungen des gesellschaftlichen Bewußtseins über das Ausmaß und die Gefahren der Umweltkrise ohne jeden Zweifel groß, die Krisen ebenso, die Veränderungen der diese Krisen bedingenden Interessen in Gesellschaft, Industrie, Verwaltung, Politik und Kultur jedoch minimal, und eine Umkehr zu einer umwelterhaltenden, ja zumindest umweltschonenden Produktions- und Lebensweise gibt es bisher in keinem hochindustrialisierten Land, sei es nun privat- oder staatskapitalistisch organisiert. Die Unvernunft eines quantitativen Wachstumsprinzips beherrscht nahezu ungebrochen die überwiegende Zahl der betriebswirtschaftlichen, volkswirtschaftlichen und politischen Entscheidungen rund um den Globus. In den reichen Industrieländern schwadroniert man zwar viel über Umweltkrise und Umwelterhaltung, aber wenn es in der wirtschaftlichen Praxis damit ernst zu machen gilt, dann ist in 99,99 Prozent aller Fälle der behämmert begrenzte Horizont einer positiven Jahresbilanz mit schwarzen Zahlen auf der Habenseite der Unternehmen wichtiger als eine langfristig vorsorgende, umwelterhaltende Investitionspolitik. Dies gilt auch für das Verhalten der Volkswirtschaften insgesamt.

Die ökologische Krise der Industriegesellschaften quer zu den al-

55

ten Fronten des internationalen Klassenkampfes zwischen Ost und West, zwischen Sozialismus und Kapitalismus, und die mit hoher Geschwindigkeit fortschreitenden und vielleicht irreversiblen Schädigungen des einen und einzigen Ökosystems Erde erzwingen einen *radikalen ökologischen Pragmatismus.* Radikal in einem doppelten Sinne: radikal undogmatisch, was mögliche Wege aus der Krise und mögliche Bündnispartner betrifft; und radikal in den inhaltlichen Zielen, dem ökologischen Umbau der Industriegesellschaft. Die traditionellen ideologischen Fragen werden angesichts der systemübergreifenden globalen Krise der Umwelt, hervorgerufen durch den ebenfalls systemneutralen zerstörerischen Grundansatz industrieller Massenproduktion und Naturaneignung, zurückzustehen haben zugunsten eines ökologischen Pragmatismus, der sich allein am realen ökologischen Nutzen und der Leistungsfähigkeit einer Maßnahme, einer Technologie, einer Produktion, eines Produkts, einer Infrastruktur und eines gesamten Systems zu orientieren hat. Wer glaubt, es darunter und mit weniger machen zu können in der Umweltpolitik der neunziger Jahre, wer also glaubt, auf die konkrete Utopie, und dies heißt auch und vor allem auf deren Umsetzung, nämlich die praktische Politik des ökologischen Umbaus der Industriegesellschaften verzichten zu können, der wird Umweltpolitik auch in Zukunft lediglich als ein besonders infames Programm zur Verharmlosung der Zustände und zur Verdummung der Menschen praktizieren und in absehbarer Zukunft dafür einen schlimmen Preis zu entrichten haben. Nach all der Kritik sei hier auch ehrlicherweise offen gesagt, daß selbst eine absolute Mehrheit der GRÜNEN im Deutschen Bundestag und ein grüner Umweltminister oder eine grüne Umweltministerin, wenn die Gewichte zwischen Ökonomie und Ökologie wie gegenwärtig und unverändert verteilt blieben, zwar manches besser aber grundsätzlich nichts wirklich anders machen könnten in der Umweltpolitik.

Umweltpolitik kann, und dies ist die eigentliche Konsequenz der Erfahrungen des letzten Jahrzehnts, solange nicht den Durchbruch zur Umwelterhaltung und Umweltvorsorge schaffen, solange das gesamte Schwergewicht der wirtschaftlichen Entwicklung gegen die Umwelt ausgerichtet ist und bleibt. »Die heute zum Teil technologisch (noch) nicht beherrschbaren Umweltprobleme haben ihre Ursache im wirtschaftlichen Entwicklungstyp seit Anfang der fünfziger Jahre. Heute wird erst mit dem Waldsterben die Rechnung der sogenannten Wirtschaftswunderjahre sichtbar. Was sich gegenüber dieser wirtschaftlichen Prosperitätsphase auch ökonomisch angesichts der seit Jahren anhaltenden Arbeitslosigkeit ohnehin nur als »kurzer Traum immerwährender Prosperität« (B. Lutz) erwies, enthüllt sich jetzt als ökologischer Alptraum. Wenn nicht ökologisch gegengesteuert wird, dann läuft das gesamte Wirtschaftssystem in eine Wachstumsfalle.«[1] Ich befürchte allerdings, daß wir uns bereits mitten in dieser ökonomischen Wachstumsfalle befinden, und daß die ökologischen Folgekosten jenes scheinbar unbrechbaren Wirtschaftsbooms der konservativen achtziger Jahre, der im wesentlichen auf katastrophal niedrigen Energiepreisen beruhte und beruht, uns diesmal wesentlich schneller ereilen werden. Aus dem Gesagten ergibt sich die zwingende und dringende Konsequenz, daß die Umweltpolitik ihr enges Gefängnis bürokratisch verengter staatlicher Kontroll- und Verbotspolitik aufbrechen und aus der ihr politisch verordneten Armut und Betrugsmentalität ausbrechen muß hin zu einer ökologischen Wirtschafts-, Finanz-, Struktur- und Ordnungspolitik, national wie international. Sie muß sich also direkt hineinbegeben in das Auge des Hurrikans der Umweltzerstörung, in die Wirtschafts- und Industriepolitik, muß zu einer ökologischen Wirtschaftspolitik werden.

Verweilen wir etwas bei dem theoretischen Vorverständnis einer ökologischen Umbaupolitik, nämlich bei der besonders unter traditionsbewußten Linken so beliebten grundsätzlichen und mit hoher Spaltungsenergie geladenen Streitfrage, ob beim ökologischen Um-

---

[1] Rudolf Hickel *Wirtschaften ohne Naturzerstörung, Strategien einer ökologisch-ökonomischen Strukturpolitik;* aus: Beilage zur Wochenzeitung DAS PARLAMENT, S.44, B29/87 vom 18. Juli 1987.

bau der Industriegesellschaften der kapitalistische oder der sozialistische Pfad zu beschreiten sei. Ob man also für eine tiefgreifende ökologische Veränderung unserer Gesellschaft nicht zuvor und daneben eine vielleicht sogar revolutionäre, sozialistische Umgestaltung der Produktions- und Eigentumsverhältnisse brauche. Entlang der historischen Erfahrungen ist diese Frage relativ schlicht zu beantworten. Der Glaube, man könne mit der Umweltpolitik die fragwürdig gewordenen heiligen Werte des alten Sozialismus wiederbeleben, als da sind: die Enteignung des Privateigentums an den Produktionsmitteln und ihre Vergesellschaftung (und d.h. Verstaatlichung), der nationale und internationale Klassenkampf u.ä., dieser Glaube wird unmittelbar in einer Sackgasse der Hilflosigkeit landen, denn die zentrale Frage des 19. Jahrhunderts wurde in den achtziger Jahren des 20. Jahrhunderts wohl definitiv entschieden: Der Kapitalismus hat gewonnen, der Sozialismus hat verloren. Gegenwärtig erleben wir das Drama des völligen Scheiterns der realsozialistischen Wirtschaftsalternativen in der Sowjetunion, der Volksrepublik China, in Osteuropa und in Ländern der Dritten Welt. Unter enormen sozialen und ökonomischen Kosten verabschieden sich diese Volkswirtschaften von der realsozialistischen Staatsökonomie und der gegenüber den eigenen sozialistischen Ansprüchen versagenden Herrschaft einer bürokratischen Nomenklatura und versuchen den Anschluß an die westlichen, marktorientierten Gemischtwirtschaften und an deren politische Form einer rechtsstaatlichen Demokratie zu finden. Zudem erweisen sich auch die ökologischen Kosten des Desasters der realsozialistischen Wirtschaftsmodelle als verheerend: in Teilen der Tschechoslowakei, Polens und der Sowjetunion ist die Umwelt von einem industrialistischen Raubbau sondersgleichen bis hin zu regionalen Umweltkatastrophen völlig zerstört worden.[1]

---

[1] Siehe dazu Valerij Soifer über die ökologische Katastrophe in der Sowjetunion in der FRANKFURTER RUNDSCHAU vom 14. Februar 1989. Es handelt sich dabei um eine leicht gekürzte Übersetzung aus der sowjetischen Zeitschrift KONTINENT. Ebenso die SÜDDEUTSCHE ZEITUNG vom 3. November 1988, die einen *Bericht zur Situation des Umweltschutzes in der UdSSR* des Deutschen Instituts für Wirtschaftsforschung (DWI) ausführlich zitiert.

Die staatssozialistischen Ökonomien sind von einer umweltschonenden Produktion und einem ökologischen Strukturwandel in Wirtschaft und Gesellschaft wesentlich weiter entfernt als die entwickelten kapitalistischen Industrieländer, da ihre politische, gesellschaftliche und wirtschaftliche Rückständigkeit und ihre im Kern industrialistische Staatsdoktrin (Lenin definierte nach der Revolution von 1917 den Sozialismus als »Elektrifizierung plus Sowjetmacht«, und das ist Programm bis auf den heutigen Tag) einen ökologischen Umbau in weite Ferne rückt. Im realen Sozialismus wird die Industriegesellschaft immer noch aufgebaut, während im kapitalistischen Westen deren umweltgerechter Umbau bereits drängend und zwingend auf der Tagesordnung von Wirtschaft und Politik steht. Und so bleibt – je nach Standpunkt – das betrübliche oder erfreuliche Faktum zu konstatieren, daß der welthistorische Zweikampf zwischen Kapitalismus und Sozialismus entschieden ist. Der westliche Kapitalismus, de facto eine Mischwirtschaft, bestehend aus staatlicher Rahmenplanung, staatlicher Regulierung und staatlichem Eigentum und einer Marktökonomie, die vor allem auf dem privaten Eigentum an den Produktionsmitteln und privaten Investitionsentscheidungen beruht, hat diese historische Auseinandersetzung gewonnen, unwiderruflich. Und der westliche Kapitalismus hat diesen Sieg nicht zuletzt dadurch errungen, daß er wesentliche Elemente des Reformsozialismus erfolgreich übernommen und damit die gesellschaftliche Produktivität eines demokratischen Sozialstaates gewonnen hat. Aber auch in der für Sozialisten so zentralen Frage wirtschaftlicher Planung werden Wirtschaftshistoriker einmal eher an Japan denn an die Sowjetunion oder die VR China denken. Das kapitalistische Japan ist wohl das erfolgreichste Modell für eine politische Wirtschaftsplanung in diesem Jahrhundert.

Es mag also das linke Herz bluten oder gar verbluten, aber aus dem Gesagten folgt nun einmal, daß der Rahmen und die wesentlichen Instrumente einer ökologischen Reform des Industriesystems durch die bestehende Wirtschaftsform westlich kapitalistischen Typs bestimmt werden. Freilich übernimmt der Sieger dieser historischen

Auseinandersetzung zwischen den beiden weltweit konkurrierenden Wirtschaftsmodellen zugleich auch die Aufgaben und Verpflichtungen des Unterlegenen, wird also von einem Klassen- zu einem Gattungsstandpunkt übergehen müssen, wenn dieser Sieg historisch nicht zum Pyrrhussieg werden soll. Das heißt nicht, daß die gegenwärtigen westlichen Marktökonomien allein durch die Tatsache ihrer weltweiten Durchsetzung und ihres überlegenen Funktionierens außer aller Kritik auch im Grundsätzlichen stehen. Das Gegenteil ist vielmehr richtig, nur muß die Kritik fortan von einer anderen, höheren Ebene her formuliert werden. Die ökologische Kritik der kapitalistischen Industriegesellschaften prüft, inwieweit deren Produktions- und Konsumweise der globalen Selbsterhaltung dienen oder nicht, inwieweit dadurch also die Lösung der Gattungsfrage Umwelterhaltung für die Menschen und durch die Menschen gelingen oder nicht gelingen kann.

Der Kapitalismus hat gesiegt, aber mit diesem Sieg hat er auch die ganze und alleinige Verantwortung für die Erhaltung des Ökosystems Erde und der Gattung Mensch übernommen. Bisher spricht wenig dafür, daß er sich dieser Verantwortung zu stellen bereit ist, geschweige denn, daß er ihr gar gerecht würde. Man wird ihn aus schlichtem Selbsterhaltungstrieb heraus dazu zwingen müssen, und darin liegt eine der wesentlichsten Aufgaben einer ökologischen Linken in den Industrieländern des Westens.

Wenn es aber eine positive sozialistische Gegenutopie, die der bestehenden marktwirtschaftlich kapitalistischen Wirtschaftsform überlegen ist und die vor allem eine qualitative Alternative zum maroden Realsozialismus östlicher Prägung darstellt, nicht gibt, so hat dies allerdings weitreichende politische Konsequenzen für die Linke. Mit dem realen Sozialismus ist ja nicht nur eine Utopie, sondern zugleich ein ganzes linkes Politikmodell in eine grundsätzliche Krise geraten. Die sowohl autoritäre Kommunisten als auch demokratische Reformsozialisten in den letzten 150 Jahren linker Politik prägende Grundannahme, daß man mit den Mitteln der politischen Macht die Wirtschaft gerechter, sozialer und effizenter gestalten könne, als dies die Marktkräfte jemals vermöchten, trägt heute nur noch sehr eingeschränkt oder überhaupt nicht mehr. Damit ist aber der linken Politik, egal in welcher ihrer zahllosen Varianten sie sich darstellt, die gemeinsame Grundlage entzogen worden, auf der sie bisher gründete.

Wenn zudem noch die Analyse der ökologischen Krise zeigt, daß deren Lösung realistischerweise nur noch im Rahmen und mit den Instrumenten der kapitalistischen Marktwirtschaften stattfinden kann, dann muß mit Notwendigkeit eine weitere Bastion des linken Selbstverständnisses fallen: die grundsätzliche Ablehnung des privaten Unternehmertums. Sowohl die Krise der reformsozialistischen Gemeinwirtschaft als auch der Versuch der realsozialistischen Ökonomien, sich von der versteinerten Herrschaft einer allgegenwärtigen Staats- und Parteinomenklatura zu verabschieden und einen bäuerlichen und städtischen Mittelstand und ein neues Unternehmertum vorsichtig zu entwickeln, verweisen auf diese Notwenigkeit eines grundsätzlichen Umdenkens. Und gerade eine Kritik der gegenwärtigen Umweltpolitik zeigt, daß ein ökologischer Umbau zwar zu härtesten Konflikten mit der sogenannten »Wirtschaft« führen wird und führen muß, daß sich andererseits aber auch genau in dieser »Wirtschaft« die potentesten Verbündeten für eine Politik des ökologischen Umbaus finden werden. Anders gesagt: *ohne eine »unternehmerische Linke«, die einen ökologischen Umbau nicht nur will und trägt, sondern die ihn auch praktisch mit der Entwicklung eines zunehmend wachsenden Umweltsektors in der Volkswirtschaft realisiert und damit ihre Gewinne macht, wird es niemals zu einer erfolgreichen praktischen Politik des ökologischen Umbaus der Industriesysteme kommen.* Gegenwärtig wird das allgemeine Verhältnis zwischen einer Politik der Umwelterhaltung und der Wirtschaft jedoch noch überwiegend durch den harten Konflikt bestimmt.

Der alte linke Antikapitalismus ist tot, der neue Ökologismus wird quer zu den alten Klassenfronten zwischen Lohnarbeit und Kapital verlaufen. Man wird Unternehmer, Gewerkschafter, Linke einerseits auf der Seite eines industrialistischen Raubbaus finden, wie z.B. im Chemie- und Energiesektor in der Bundesrepublik, und man wird andererseits genauso Linke, Gewerkschafter, Manager und Unternehmer auf der Seite der Umwelterhaltung und der Durchsetzung einer umweltverträglicheren Produktion finden. Der Abschied von den alten, hochideologierten Klassenfronten fällt jedoch nicht nur der Traditionslinken schwer. Selbst ein so kluger konservativer Denker wie *Kurt Biedenkopf* kämpft noch in seinem Buch ›*Die neue Sicht der Dinge*‹ ganz die alten Schlachten zwischen Staats- und Marktwirtschaft. Er sieht dort die Umweltkrise vor allem noch als die Gefahr eines grün eingefärbten, altsozialistischen staatlichen Regulierungswahns durch die Umweltkrise auf die blühende Marktwirtschaft zulaufen. Die Revolution droht diesmal in grüner Tarnfarbe, ist ansonsten aber dieselbe geblieben: »Ähnlich wie bei der Währungsreform und der Entwicklung der Grundsätze der sozialen Marktwirtschaft wird es auch bei der politischen Verwirklichung des Umweltschutzes wieder zu einer prinzipiellen Auseinandersetzung zwischen der Ordnung der Wirtschaft nach dem Prinzip der Koordination oder nach dem Grundsatz der Subordination kommen. Erneut werden wir entscheiden müssen zwischen der Ordnung durch das Recht oder der Ordnung durch den Staat. Die Gegner der freiheitlichen Ordnung können heute weder deren Fähigkeiten bestreiten, Wohlstand zu mehren, noch ihre Fähigkeit, soziale Gerechtigkeit zu sichern. Sie könnten ihr jedoch die Fähigkeit absprechen, die Umwelt zu schützen.«[1] Nun, genau die von Biedenkopf angeführte Werteentscheidung erwies sich in der praktischen Umweltpolitik bisher als keinen Pfifferling wert, denn weder gab es eine ökologische Neuordnung durch das Recht noch durch den Staat, sondern es gab vereint gar nichts. Beide ökonomischen Wertordnungen haben angesichts der Umweltkrise völlig versagt, und es bleibt allein das fast schon verzweifelte Bemühen um einen ökologischen Pragmatis-

---

[1] Kurt. H. Biedenkopf – *Die neue Sicht der Dinge*, S. 439, München 1985.

mus jenseits dieser Werteentscheidung, der sich jenseits der Ideologien ausschließlich an der praktischen Wirksamkeit der Umwelterhaltung zu orientieren versucht.

Weder die Wirtschaftstheorie noch die Wirtschaftspolitik und schon gar nicht die Praxis in den westlichen Volkswirtschaften werden der neuen ökologischen Herausforderung bisher gerecht.[1] Der historische Sieg über die sozialistische Wirtschaftsalternative scheint sich bis heute in einer neokonservativen »Jetzt erst recht«-Mentalität zu erschöpfen, in einer konsumistischen Bereicherungsorgie des besitzenden Drittels der Menschheit (weltweit ist die Ein-Drittel-Gesellschaft längstens Realität geworden), die die kurzfristigen betriebswirtschaftlichen Gewinnerwartungen zum alleinigen Inhalt von Theorie und Praxis der kapitalistischen Weltökonomie gemacht haben. Für die neoliberale Angebotstheorie ist die Verabsolutierung des Gewinnprinzips, sind die möglichst optimalsten Verwertungsbedingungen für investiertes Kapital zum alleinigen Wert, zum reinen Selbstzweck geworden. Mit der Angebotstheorie wurde eine betriebswirtschaftlich durchaus sinnvolle Logik zu einer volkswirtschaftlichen Handlungsstrategie mit katastrophalen Konsequenzen erhoben, denn letztendlich bedeutet dieser Sieg der Betriebswirtschaft über die Volkswirtschaft in Theorie und politischer Praxis eine historische Regression in die Frühzeit eines zügellosen Wirtschaftsliberalismus, der schon vor 150 Jahren nicht in der Lage war, die destruktiven Kräfte einer hemmungslosen kapitalistischen Akkumulation zu bändigen. Umso weniger wird es ein solcher Wirtschaftsliberalismus heute vermögen, die drängenden Gattungsfragen der Menschheit auch nur in Ansätzen zu beantworten.

Fast könnte man versucht sein zu behaupten, daß mit dem Verlust des Gegners, mit dem Niedergang des sozialistischen Gegenmodells also, die historische Kreativität kapitalistisch orientierter Wirt-

---

1 »Wie verschiedene international vergleichende Forschungsprojekte gezeigt haben, ist eine strikt präventive Umweltpolitik nirgends verwirklicht - und dies gilt selbst für Japan.« Udo Ernst Simonis – *Ökologie und Ökonomie im Spannungsfeld der Widersprüche, Chancen einer Umorientierung;* in: Umweltschutz zwischen Reparatur und realer Utopie – Hrsg. von der IG Metall, Köln 1988

schaftspolitik ebenfalls zuende gegangen ist, zumindest in der Bundesrepublik Deutschland. Es mangelt ganz offensichtlich an machtpolitisch wirksamen und bedrohenden Herausforderungen und Herausforderern. So findet z. B. in der Bundesrepublik, einem der drei führenden Industrieländern der Welt, seit Beginn der achtziger Jahre Wirtschaftspolitik eigentlich nur noch statt in der Minimalform von Bundesbank, öffentlicher Finanz- und Haushaltspolitik und Wirtschaftsverwaltung (sprich: Subventionsverwaltung), wobei die Bundesbank für die Geldwertstabilität und die Sicherung der Exportorientierung qua Währungspolitik steht, die Finanzpolitik allein zur Absenkung der Staatsquote dient und der damit einhergehenden Umverteilung hin zu den Begüterten, und die Wirtschaftsverwaltung verteilt aus den vorhandenen Staatstöpfen und prüft mehr schlecht als recht die Einhaltung von Gesetzen und Verordnungen. Das war es dann auch schon mit der Wirtschaftspolitik in der Bundesrepublik Deutschland im Jahre 1989. Ein Ludwig Erhard würde sich angesichts eines solchen wirtschaftspolitischen Eunuchentums im Grabe umdrehen. Wirtschaftspolitik als politisch legitimierte Zielsetzung, auch als Ordnungspolitik, als Vision einer ökonomisch begründeten, gerechten gesellschaftlichen Ordnung findet einfach nicht mehr statt. Von einem Ordnungssystem, beruhend auf dem Werteviereck von ökonomischer Leistungsfähigkeit, sozialer Gerechtigkeit, ökologischer Verträglichkeit und demokratischer Kontrollierbarkeit, von einem politisch herzustellenden Ausgleich ihrer notwendigen Spannungen ganz zu schweigen.

Es ist schon von einer hohen symbolischen Aussagekraft, daß jene beiden großen wirtschaftspolitischen Leitfiguren der Bundesrepublik, nämlich Ludwig Erhard und Karl Schiller, ihre postmoderne Entsprechung in den Bange- und Hausmännern gefunden haben, ohne daß man hierzulande ein echtes Defizit verspüren würde. Wieso auch? Die Wirtschaftspolitik der Republik wird doch eh von den Reuters und Herrhausens gemacht, von der DEUTSCHEN BANK und DAIMLER BENZ. Deren industriepolitische Fusionsentscheidungen zum Aufbau eines der weltweit größten Rüstungs-,

Raumfahrt- und Luftfahrtkonzerne in der Bundesrepublik werden zwar die Republik erheblich verändern und neue Handlungszwänge schaffen, aber in der westdeutschen Öffentlichkeit oder gar in Bonn sieht man darin nicht mehr als nebbich. »Nach der Einnahme von MBB, einschließlich der Panzerfabrik Krauss-Maffei, entstünde ein Konzern mit rund 73 Milliarden Mark Umsatz und 370 000 Beschäftigten. Der Riesenkonzern würde fast genausoviel Umsatz machen wie die beiden größten Staatsbetriebe der Republik zusammen, die Bundespost und die Bundesbahn.... Der größte Automobilkonzern der Vereinigten Staaten, General Motors, zugleich die größte Firma der Welt, hat einen Anteil von 2,4 Prozent an der gesamtwirtschaftlichen Leistung des Landes, dem Sozialprodukt. Der neue deutsche Superkonzern aber brächte über 3,7 Prozent des Sozialprodukts.... Unter der Führung von Daimler Benz würde sich etwa die Hälfte des Umsatzes von zwei Dutzend großen deutschen Rüstungsfirmen vereinigen, mehr als zehn Milliarden Mark.... Die deutsche Luftfahrt-industrie würde gar nur noch aus einer einzigen Firma bestehen, ... unter dem Dach von Daimler vereint.«[1]

Die Politik in Bonn dankt freiwillig ab und überantwortet die wirtschaftspolitische Gestaltungskompetenz einem privaten Oligopol, das mit Marktwirtschaft ebenso viel oder ebenso wenig zu tun hat, wie die CDU mit dem Christentum der Bergpredigt. Das Big Business macht seine private Wirtschaftspolitik im feinsten oder schlimmsten Sinne, je nach Standpunkt und Betrachtungsweise, national und international, und die gewählte Bundesregierung und ihre Nobodies als Wirtschaftsminister fungieren lediglich noch als vollziehende Bonner Filialleiter.

Der vorläufige (aber sicherlich keineswegs letzte) Höhepunkt dieser politischen Selbstabdankung einer demokratisch gewählten Bundesregierung gegenüber den Absolutisten in der westdeutschen Wirtschaft stellt die Entscheidung der VEBA zum Rückzug des Konzerns

---

1 DER SPIEGEL Nr. 47, S.59/60 vom 16. November 1987. So auch DIE ZEIT in ihrem Dossier »Alle Waffen unter einem guten Stern«, S. 15ff vom 7.April 1989.

aus der im Bau befindlichen Wiederaufarbeitungsanlage im bayrischen Wackersdorf dar. Es ist dies eine Geschichte von den Mächtigen und Ohnmächtigen in unserem Land, die selbst die agressivsten Visionen von einem staatsmonopolistischen Kapitalismus hierzulande als blöde Untertreibungen erscheinen läßt. Mitten in der schlimmsten Existenzkrise der Bundesregierung, als es für Kohl und die Seinen sprichwörtlich bereits um Sein oder Nichtsein ging, langte die VEBA in der Atompolitik ordentlich hin und zog den Kanzler vor den Augen der gesamten Öffentlichkeit energiepolitisch splitternackt aus. Und kaum jemand fand etwas dabei, so sehr hat man sich an die Hanswurstiaden in Bonn gewöhnt.

VEBA-Chef Rudolf von Bennigsen-Foerder hatte nachgedacht und nachrechnen lassen, denn dem Energiekonzern VEBA gehört die in Hannover ansässige PREUßEN ELEKTRA (PREAG) AG, der zweitgrößte Stromerzeuger und größte Atomstromproduzent der Republik. Bennigsens Rechenaufgaben führten zu einem bemerkenswerten Ergebnis: In der Bundesrepublik gibt es gegenwärtig 23 000 Megawatt installierte Atomkraftwerksleistung. Mit wesentlich mehr wird nicht zu rechnen sein, sondern eher mit weniger, wenn in Bonn 1990 oder 1994 rot-grüne Mehrheitsverhältnisse eintreten sollten. Angesichts dieser für die Stromindustrie geringen Atomkraftwerksleistung erweist sich das zwischen 10-12 Milliarden Mark teure Unternehmen einer westdeutschen atomaren Wiederaufbereitungsanlage (WAA) in Wackersdorf als eine völlig verrückte Fehlinvestition. Denn diese milliardenschwere WAA machte nur Sinn im Rahmen eines Atomenergiekonzepts, das davon ausging, daß die Bundesrepublik ihre Stromerzeugung ähnlich wie Frankreich überwiegend auf Atomkraftwerke umstellen und zudem neben den Leichtwasserreaktoren eine zweite Generation von Plutoniumbrütern in Betrieb nehmen würde.

In der WAA (ursprünglich in der für Gorleben in Niedersachsen geplanten WAA mit 1400 t Jahresdurchsatz, in Wackersdorf nurmehr mit 500 t) sollten die abgebrannten Uranbrennelemente zerschnitten und chemisch das als Rest verbliebene und verwertbare

Uran und vor allem das in großen Mengen als Spaltprodukt anfallende, hochgiftige Plutonium als Brennstoff für den Schnellen Brüter wiedergewonnen werden. Die Hanauer Atomfirma ALKEM[1] wurde ausschließlich zu dem Zweck gegründet und errichtet, die Brennelemente für die Schnellen Brüter aus dem Plutonium der Leichtwasserreaktoren zu fertigen. Mit der Brütertechnologie sollte das Sechzigfache an Energieausbeute des eingesetzten Natururans schließlich möglich sein, die lange gesuchte, fast unerschöpfliche Energiequelle! Prof. Wolf Häfele (heute Vorsitzender des Vorstandes der Kernforschungsanlage in Jülich) hieß der Brüterpapst in der Bundesrepublik, und mit seinem »Faktor sechzig« hat er die Politiker in Bonn und den Bundesländern in den sechziger und siebziger Jahren besoffen und selig geredet. Nun, diese atomaren Fieberphantasien in der Energiepolitik gelten schon lange nicht mehr, und jetzt geht es auch dem milliardenschweren Trugbild eines »nationalen Entsorgungkonzepts« mit der westdeutschen WAA ans Leder.

Bennigsen-Foerder hatte also, wie bereits gesagt, nachrechnen lassen: Bei lediglich 23 000 MW installierter Atomkraftwerksleistung wird eine Wiederaufarbeitung in Wackersdorf zum endlosen Verlustgeschäft bei einem absehbaren Wegfall der Brütertechnologie. Die WAA wird irgendetwas zwischen 10 und 12 Milliarden Mark kosten, und durch den Vertrag mit der französischen COGEMA kann die westdeutsche Stromwirtschaft zwei Drittel der Kosten einsparen, also zwischen sechs und acht Milliarden DM. Da lassen sich die bisher in Wackersdorf verbauten 2,3 Milliarden Mark leicht verschmerzen. Zudem rechnet die Atomindustrie keineswegs mit einer Zukunft der Wiederaufarbeitung. Die Vorräte an Natururan erwiesen sich weltweit als ergiebiger denn ursprünglich angenommen, und damit gaben auch die Preise nach. Mit dem Wegfall der Brütertechnologie und der Plutoniumwirtschaft macht die Wiederaufarbei-

---

1 Ohne Wackersdorf verliert auch die Plutonium-Brennelemente Fabrik ALKEM in Hanau ihren Sinn. Dennoch verkündete der Hessische Minister für Umwelt und Reaktorsicherheit am Mittwoch, dem 19. April 1989 die zweite Teilgenehmigung für den Neubau der ALKEM. Er darf sich damit in die prominente Reihe der von Bennigsen-Foerder Genasführten in Bonn und München einreihen.

tung auch kaum noch Sinn. Zudem soll die direkte Endlagerung nach Berechnungen der Atomindustrie um vierzig Prozent billiger sein als die Endlagerung nach einer Wiederaufarbeitung.

Während also in österlicher Zeit Helmut Kohl um seinen rutschenden Kanzlersessel strampelte und hampelte und sich Theo Waigel, der CSU-Vorsitzende, mit roten Ohren auf die neuen Würden als kommendes Kabinettsmitglied und letzter Rettungsanker eines maroden Bundeskanzlers vorbereitete, übernahm Rudolf von Bennigsen-Foerder, leise und effizient, die verwaiste Richtlinienkompetenz in der Bonner Energiepolitik.

Am 3. April 1989 hat die VEBA mit der COGEMA, der Betreiberin der französischen Wiederaufarbeitungsanlage in La Hague, ein »Memorandum of Understanding« unterzeichnet, das faktisch den Ausstieg der VEBA aus der WAA Wackersdorf und damit deren Ende bedeutet. »Der Vorvertrag, der beide Parteien ein Jahr bindet, sieht vor: Vom Jahr 1999 an kann die Veba jährlich 400 Tonnen abgebrannter Brennelemente in La Hague wiederaufarbeiten lassen; das Unternehmen hat zudem eine Option, diese Menge um weitere 200 Tonnen aufzustocken. Die Brennelemente aus deutschen Nuklearstromfabriken würden dann den zweiten Strang der Cogema-Fabrik am Ärmelkanal, UP 3 genannt, weitgehend auslasten. Wenn alles klappt, will die VEBA sich im Gegenzug mit 49 Prozent an diesem Teil der Wiederaufarbeitungsfabrik beteiligen. Die Brisanz der Vereinbarung liegt in der großen Kapazität von 600 Tonnen pro Jahr, die der VEBA in La Hague zugestanden werden. Die umkämpfte Wackersdorfer Anlage soll, wenn sie 1998 tatsächlich funktioniert, rund 500 Tonnen schaffen, die bundesdeutschen Atommeiler stoßen jährlich 530 Tonnen aus. Eine der beiden Wiederaufarbeitungsfabriken, entweder die in Wackersdorf oder die in La Hague, wäre also überflüssig.«[1]

Und weil man schon beim Begradigen der atompolitischen Front

---

[1] Fällt das Atomstaats-Monument?; aus: DER SPIEGEL, Nr. 16, S. 23, vom 17. 4. 1989.

mittels geordneter Rückzüge angelangt ist, wurde auch ganz nebenbei die letzte Hoffnung der westdeutschen Atomindustrie begraben, nämlich der ruinöse Thoriumhochtemperaturreaktor (THTR) in Hamm-Uentrop. Der THTR war die »deutsche Reaktorlinie«, wie man ihn immer ganz stolz bezeichnete, da er eine rein deutsche Erfindung ist und weltweit eben bisher nur in Hamm-Uentrop existierte. »Auf 20 Jahre Betriebsdauer war der vielgelobte Kugelhaufenreaktor angelegt. Nun ist das 4,5 Milliarden teure Demonstrationsobjekt, zu 80 Prozent vom Steuerzahler finanziert, nach ganzen 16 500 Betriebsstunden am Ende.«[1] Der Grund für dieses Aus ist ökonomischer Natur: Die Betreibergesellschaft steht vor dem Bankerott, wenn der Staat seine Risikobeteiligung von gegenwärtig 450 Millionen Mark nicht auf mehr als eine Milliarde DM anzuheben bereit ist. Und genau dies ist er nicht, und so soll das prestigebewerte Milliardengrab des HTR in Hamm-Uentrop also stillgelegt werden. Aus die Maus mit der »deutschen Reaktorlinie«.

Die nunmehr vom Bundeskanzler im Anschluß an sein Treffen mit Mitterrand am 19. April 1989 in Paris verkündete Theorie der »zwei Säulen«[2] bei der atomaren Wiederaufarbeitung (La Hague und Wackersdorf) ist angesichts der Fakten schlichter Quatsch, weil sie auf unbezahlbare Überkapazitäten hinausläuft. Die westdeutschen Stromkonzerne schwimmen zwar im Geld, aber daß sie allein der Glaubwürdigkeit einer Bundes- und einer bayrischen Staatsregierung wegen einige Milliarden zusätzlich in die Landschaft der Oberpfalz verbauen, wird man allen Ernstes weder von der VEBA noch vom RWE erwarten dürfen.

Nachdrücklich ist jedoch vor der Illusion zu warnen, daß sich die Bundesrepublik jetzt auf dem Pfade des Atomausstiegs befände. Beim atompolitischen Coup d'Etat der VEBA handelt es sich lediglich um eine betriebswirtschaftliche und atompolitische Frontbegra-

---

[1] DER SPIEGEL Nr. 17, a.a.O., S. 113.
[2] »Bundeskanzler Kohl sagte, die Wiederaufbereitung solle auf zwei Säulen gestellt werden.« SÜDDEUTSCHE ZEITUNG vom 21. April 1989.

digung der Energiewirtschaft, bei der Milliarden auf dem Spiel stehen. Angesichts solcher Summen hört die Gemütlichkeit allemal sofort auf. Zudem verfolgt der schlaue VEBA-Boß noch ein machtpolitisch strategisches Ziel. Er hat mit seiner Haupt- und Staatsaktion bereits die Konfliktlinie gegen rot-grüne Ausstiegsgelüste nach der Bundestagswahl 1990 im Visier, wie man einem SPIEGEL-Gespräch mit ihm unschwer entnehmen kann: »BENNIGSEN: ... Meine Kollegen und ich sehen in dieser Vereinbarung mit Cogema eine einmalige Chance, den energiepolitischen Konsens in der Bundesrepublik wiederherzustellen – vielleicht die letzte Chance. SPIEGEL: Sind die politischen oder die wirtschaftlichen Motive ausschlaggebend? BENNIGSEN: Das kann man nicht trennen. Wenn man politisch die Kohle retten oder erhalten will, dann braucht man wirtschaftlich die billige Kernenergie. Erst die Mischkalkulation macht die teure Kohle erträglich. Und je billiger der Strom aus Kernenergie wird, zum Beispiel durch Wiederaufarbeitung in Frankreich, desto leichter ist es, den hohen Kohlepreis zu verkraften.«[1]

Es geht der VEBA also, neben dem vielen Geld, weniger um eine Flucht mit der atomaren Wiederaufarbeitung nach Frankreich vor einer drohenden rot-grünen Bundesregierung, von der sie zurecht vermutet, daß diese Wackersdorf unverzüglich beenden würde. Nein, Bennigsen scheint zwar mit der Möglichkeit eines Bonner Machtwechsels realistisch zu kalkulieren, aber der Coup mit der WAA zielt in Wirklichkeit auf die SPD als Bonner Regierungspartei von morgen. Die SPD möchte er wieder einfangen mit seinem neuen energiepolitischen Konsens. Die Achillesferse der sozialdemokratischen Ausstiegspolitik sind die Gewerkschaften, allen voran die IG BERGBAU UND ENERGIE, und das Kohleland Nordrhein-Westfalen mit seiner Bergbaukrise. In Gutsherrenmanier arbeitet daher der adlige von Bennigsen-Foerder mit Zuckerbrot und Peitsche.

---

1 »Es lag jenseits unserer Vorstellungskraft.« SPIEGEL-Gespräch mit VEBA-Chef Rudolf von Bennigsen-Foerder über das mögliche Ende der WAA Wackersdorf; aus: DER SPIEGEL, Nr.16, a.a.O., S. 29/30.

Einerseits droht er mit dem Ende des heimischen Kohlebergbaus an der Ruhr, wenn die »billige Atomenergie« nach einem möglichen Atomausstieg nicht mehr zur Verfügung stünde. Andererseits verspricht er der Kohleförderung in Nordrhein-Westfalen aber eine langfristige Zukunftssicherung bei einer Rückkehr der Sozialdemokratie zum »energiepolitischen Konsens«, denn nur die aus mehreren hundert Meter Tiefe geförderte deutsche Steinkohle ist »teure Kohle«, nicht aber die vorwiegend im Tagebau geförderte Importkohle.[1]

Die von Bennigsen so genannte »letzte Chance« zum energiepolitischen Konsens soll wie folgt aussehen: 23000-25000 MW installierte Atomkraftwerksleistung als bundesrepublikanische Obergrenze, kein weiterer Zubau mehr an Atomkraftwerken, kein Schneller Brüter in Kalkar und damit keine Plutoniumwirtschaft, keine Wiederaufarbeitungsanlage in Wackersdorf, der Vertrag mit Frankreich als gesichtswahrender Übergang hin zur direkten Endlagerung, bis das Endlager in Gorleben vielleicht um die Jahrtausendwende herum einmal fertig ist; und schließlich die Atomenergie lediglich noch als eine »Übergangsenergie« für die Dauer von vierzig bis fünfzig Jahren bei gleichzeitiger Förderung der Energiealternativen. »Ich habe ja selbst schon vor Tschernobyl davon gesprochen, daß Kernenergie nur eine Übergangsenergie ist. Das ist mir von vielen übelgenommen worden. Ich habe die Übergangszeit auf etwa 50 Jahre geschätzt. Davon sind nicht einmal zehn Jahre rum. Und es ist ein langer Weg und ein schwieriger Weg, der Energieversorgung eine neue Basis zu geben. Natürlich ist die Industriepolitik aufgeru-

---

[1] »Atomkraftwerke, die in den frühen siebziger 200 US-Dollar pro Kilowatt kosteten, verursachten 1980 Kosten in Höhe von 750 US-Dollar pro Kilowatt, 1900 US-Dollar pro Kilowatt 1984 und 3200 US-Dollar pro Kilowatt bei den Reaktoren, die 1986 und 1987 fertiggestellt wurden. Nach den Statistiken der Kraftwerksbetreiber wird Strom aus diesen neuen Anlagen 0,12 US-Dollar pro Kilowattstunde kosten, während Strom aus neuen Kohlekraftwerken nur 0,06 US-Dollar pro Kilowattstunde kostet. Die Kosten bei Blockheizkraftwerken sind noch niedriger.« *Zur Lage der Welt 87/88*, Worldwatch Institute Report, S.100, Frankfurt/M 1987. Dieser Preisvorteil von Kohlekraftwerken gegenüber Atomkraftwerken in den USA ist wesentlich der preiswerteren Abbauweise der amerikanischen Kohle im Tagebau zu verdanken. Andererseits ließe sich die berühmte »Mischkalkulation« in der Bundesrepublik auch ohne weiteres auf der Grundlage billige Importkohle/teure heimische Kohle erreichen.

fen, alternative Energien zu stützen und zu fördern«, so von Bennigsen-Foerder.[1]

Bennigsen ist ein schlauer Fuchs, und dafür verdient er ohne Ansehen der grundsätzlichen energiepolitischen Differenzen uneingeschränkte Bewunderung. Im Lande der Kohls und Waigels erscheint selbst ein Hügel als Gebirge, aber bei Bennigsen hat man es mit machtpolitischem Hochgebirge aus strategischem Urgestein zu tun. Er weiß natürlich, daß über vierzig Jahre hinweg keine Politik, auch keine Ausstiegs- und Energiepolitik, geplant werden kann. Insofern kommt der Frage der Dauer der Übergangsenergie und damit des Zeitraums des Ausstiegs aus der Atomenergie eine alles entscheidende Bedeutung zu. Und Bennigsen weiß um den kommenden europäischen Binnenmarkt zum 1. Januar 1993, er weiß auch um die enormen Überkapazitäten des staatlichen französischen Stromkonzerns ELECTRICITÉ DE FRANCE (EdF), weiß um dessen gewaltige Verschuldung,[2] und er weiß um die fast ausweglose Atomstromabhängigkeit der französischen Republik (über 70 Prozent) und um die anhaltende Akzeptanz der Atomenergie in Frankreich. Warum soll er da nicht langfristig auf französichen Atomstrom setzen? Auf Kooperation mit der EdF? Schon heute plant er den Zukauf von französischem Atomstrom für die Bundesrepublik und den Verkauf von PREAG-Atomstrom aus Westdeutschland an die DDR und andere osteuropäische Länder. Der Mann hat Phantasie und verkraftet am Ende sogar eine atomstromfreie Bundesrepublik, wer weiß? Man sollte es ab 1990 in Bonn einfach ausprobieren.

Der von Bennigsen-Foerder vorgeschlagene »neue Energiekon-

---

1 DER SPIEGEL Nr. 16, a.a.O., S. 31.
2 »Die Electricité de France ist mittlerweile mit 32 Milliarden US-Dollar verschuldet. Die französische Arbeitergewerkschaft CFDT hat für 1990 eine Überkapazität von 19000 Megawatt berechnet – die Leistung entspricht genau den 16 Reaktoren, die seit 1972 genehmigt wurden. Um ihren Atomkurs zu rechtfertigen, hat die EDF vorschnell relativ neue Heizöl- und Kohlekraftwerke stillgelegt, den Stromverbrauch mit einem differenzierten Tarifsystem begünstigt und Energie an Nachbarländer verkauft, obwohl das Exportgeschäft bei weitem nicht so wie geplant funktioniert. Es sind wesentliche Überkapazitäten auf mindestens ein Jahrzehnt zu erwarten. Die Verantwortlichen wollen daher die meisten Atomkraftwerke in den neunziger Jahren nur auf Halblast fahren.« – Zur Lage der Welt 87/88, a.a.O., S. 102.

sens« paßt sich nun nahtlos in das Ausstiegsprogramm der SPD ein, wenn man die ganz erhebliche Differenz im Zeitablauf mal außen vor läßt: kein weiterer Zubau an Atomkraftwerken, keine WAA, keine Plutoniumswirtschaft, stattdessen direkte Endlagerung und die Atomenergie als zeitlich befristete Übergangsenergie, das sind die zentralen sozialdemokratischen Forderungen. Allein über die Zeitdifferenz von dreißig bis vierzig Jahren einerseits und zehn Jahren andererseits streiten sich noch die Geister. Abzuwarten bleibt daher, ob und wieweit die Sozialdemokratie und die Energieinteressen in der SPD dieser »letzten Chance« von Bennigsen-Foerder auf den Leim kriechen werden. Auf jeden Fall wird es 1990 im Falle von Rot-Grün in Bonn sehr spannend werden, denn eine Atomausstiegspolitik über die Dauer von vierzig Jahren hinweg wird es mit der grünen Partei nicht geben. Angesichts dieser strategischen energiepolitischen Entscheidungen und der bevorstehenden DAIMLER/MBB-Fusion zum Rüstungsoligopol drängt sich dem unbefangenen Betrachter allerdings die Frage auf, ob das Bekenntnis zur Sonntagsarbeit und der daraus resultierende Zoff mit der IG Metall wirklich das zentrale Problem des sozialdemokratischen Kanzlerkandidaten Oskar Lafontaine sein sollte? Wohl kaum.

Weg jedoch von der Zukunftsmusik und zurück zur Gegenwart der verfassungsmäßig Berufenen. Da stehen sie nun da, die Regierenden in Bonn und München, schlampig dekorierten Pfingstochsen der Stromkonzerne gleich, und werden diesen ähnlich und laut muhend von Bennigsen-Foerder durchs politische Dorf Bundesrepublik Deutschland getrieben. Der energiepolitische Ochsensepp von der VEBA muß das öffenlich nicht einmal in Abrede stellen: »SPIEGEL: Ist eigentlich der VEBA-Vorstandschef der Mann, der solche weitreichenden Entscheidungen fällen muß? Gibt es sonst niemanden in dieser Republik, der Energiepolitik planvoll betreibt? BENNIGSEN: Die Freiheit von staatlichem Dirigismus ist doch nichts Schlechtes. SPIEGEL: Alle Initiativen der letzten Zeit kamen aus der Energiewirtschaft selbst: Die VEBA unterstützt einen Energiesparversuch in Schleswig-Holstein, die VEBA läßt Wackersdorf platzen, die Energieversorger aus Schwaben stoppen ihre Brüter-Finanzierung und sorgen für Bewegung bei dem festgefahrenen Kalkarer Monstrum. BENNIGSEN: Das zeigt doch, wie gut die Marktwirtschaft funktioniert.«[1] Wohlan, das nennt man erfrischenden Klartext. Verfassung und verfassungsmäßige Geschäftsverteilung der Bundesregierung sehen zwar den Bundeswirtschaftsminister für die Energiepolitik und den Bundesumweltminister für die WAA als zuständig vor, und für die Richtlinien der Politik gibt es sogar einen Bundeskanzler. Aber wer wird denn angesichts des Bonner Tohuwabohus noch so altmodisch verfassungsrechtlich denken?

Der Kanzler wurde durch *Il Principe* der VEBA sogar doppelt düpiert: durch das Verfahren und durch das Einschwenken der Energiewirtschaft auf den Kurs der Sozialdemokratie. Allein das Verfahren dieser Kündigung des sogenannten »nationalen Entsorgungskonzepts« zeigt das ganze Ausmaß der Verachtung der wirtschaftlich Herrschenden für die politisch Regierenden in Bonn und München. So behandelt man in der Industrie halt Abteilungsleiter. Eben. Da haben Bundesregierung und bayrische Staatsregierung die WAA in Wackersdorf jahrelang gegen den Willen einer ganzen Region durchprügeln lassen, haben Tote und Verletzte und über 4000 Festnahmen in Kauf genommen, haben Mauern errichtet und Sicherheitsgesetze geändert, haben den außenpolitischen Konflikt mit der besorgten Republik Östereich in Kauf genommen und den letzten Schmarrn zur bajuwarisch-bundesrepublikanischen Staatsraison erklärt: »Ohne die WAA in der Oberpfalz, so hatte Strauß den Bayern unablässig eingehämmert, gebe es keine bundesdeutsche Atomindustrie, dafür aber einen ›Rückfall ins vorindustrielle Armenhaus.‹«[2] Und nun sprach der Vorstandsvorsitzende des Energiekonzerns VEBA in seinem und der Energiewirtschaft Namen, es sei genug, und es ward genug. Und also geschah es, und all die Knechte des Herrn in Bonn machten sich hurtig an die Arbeit, dem Willen des Herrn gerecht zu werden...

---

[1] DER SPIEGEL Nr.16, a.a.O., S. 30.
[2] DER SPIEGEL Nr. 17, a.a.O., S. 30.

Das Ganze hat allerdings einen kleinen Schönheitsfehler: Weder die DEUTSCHE BANK noch DAIMLER BENZ noch die VEBA sind eigentlich vom Grundgesetz als Verfassungsorgane vorgesehen, und auch die Herren Herrhausen, Reuter und von Bennigsen-Foerder wurden weder vom Volk in freier und geheimer Wahl gewählt, noch haben sie einen Eid auf das Allgemeinwohl abgelegt. Man mag dies für ein altmodisches Argument halten, gewiß. Aber immerhin ist es ein Argument.

Wenn man also vom ökologischen Umbau des Industriesystems spricht, so wird man zuerst und vor allem eine Wiedereinsetzung der Politik und damit der Wirtschaftspolitik in den ihr gebührenden verfassungsmäßigen Rang fordern müssen. Es ist dies eine Banalität in einer Demokratie, aber ein genauer Blick auf die sattsam bekannten Realitäten lehrt, daß sich heutzutage selbst Banalitäten unversehens zu zentralen Machtfragen auswachsen können. Politik, Umweltpolitik im umbauenden Sinne zumal, wird also zuerst einmal politisch die gesellschaftlichen Ziele definieren müssen, die erreicht werden sollen, und zwar in allgemeinverständlichen und politisch diskutierbaren Formen, jenseits des in Mikro-, Nano- und Pikogramm geronnenen Grenzwertedeutschs und eines chemisch-physikalischen Formellateins. Sie wird dann diese Ziele in der Gesellschaft zu allgemeinen Streitfragen zuspitzen und sie schließlich auf Grundlage von Mehrheitsentscheidungen durchsetzen müssen. Wir sind hier ganz nebenbei auf eine weitere Banalität von gleichwohl politisch wesentlicher Bedeutung gestoßen, denn jenseits von punktueller Betroffenheit, von Katastrophenbewältigung und dem frommen Wunsch in sonntäglicher Allgemeinheit nach einer gesunden und sauberen Umwelt gibt es bis auf den heutigen Tag eigentlich keine der Krise angemessene Zieldefinition in der Umweltpolitik dieser Republik. Versuchte Grenzwertminimierung und gepredigtes Verursacherprinzip, notdürftigste Schadensbegrenzung also, sehr viel mehr findet sich nicht in der offiziellen staatlichen Umweltpolitik des Bundes und der Länder.

GRUNDRISSE EINER POLITIK DES ÖKOLOGISCHEN UMBAUS

Die ökologischen Notwendigkeiten sind aufgrund der zahlreichen Analysen und Beschreibungen der Krise der Umwelt allseits bekannt. Allein, in der Politik, der Umweltpolitik gar, haben sie praktisch so gut wie keine Bedeutung, sieht man einmal von ihrer tragenden Rolle in ökologisch zerquälten Sonntagsreden ab. Und auch in der Gesellschaft verdrängt man dieses himmelschreiende Defizit mit täglichem Erfolg. Der Grund für diese kollektive Verdrängungsleistung ist leicht zu begreifen: instinktiv spüren und ahnen alle Beteiligten, daß eine ernstgemeinte Umbaupolitik an das Eingemachte von Industrie, Politik, Gesellschaft, Kultur und privaten Lebensstilen gehen würde und gehen müßte. Und daß eine gewaltige Summe innerhalb der nächsten dreißig Jahre für diesen Umbau aufgebracht und ein revolutionärer Strukturwandel mit sanften demokratischen Mitteln in Gang gesetzt werden müßte, der liebgewordene Besitzstände allenthalben in Frage stellen würde. Betroffenheit ja, aber dann sollte man die Dinge bitteschön in Ordnung bringen und eigentlich möglichst so belassen, wie sie sind. Wir entkommen jedoch nicht dem Zwang, unsere umweltpolitischen Ziele strategisch zu definieren, denn andernfalls wird diese Definition durch die Naturwüchsigkeit und die fatalen Imperative technischer Unfälle und Katastrophen und des Kollabierens ganzer Ökosysteme zwangsweise vorgenommen werden. Die Kosten eines solchen Verfahrens werden irrwitzig hoch sein, von den Opfern und den Verlusten ganz zu schweigen. Versuchen wir also eine ökologische Zieldefinition in praktischer Absicht.

Sind wir bereit, weiterhin ein Energiesystem zu akzeptieren, das auf einer gewaltigen, bewußt geplanten oder zumindest billigend in Kauf genommenen Energieverschwendung beruht und somit folgerichtig auf den nichtbeherrschbaren Risiken der Atomenergie? Wir wissen heute, nach Tschernobyl, Harrisburg und zahlreichen anderen Stör- und Unfällen, daß die Reaktorsicherheit völlig unzureichend ist. Denn Atomkraftwerke werden schließlich gebaut und betrieben, um Strom zu produzieren und um mit diesem Strom Geld zu verdienen. Die Grenzen der Wirtschaftlichkeit definieren demnach die Grenzen der Sicherheit und nicht umgekehrt. »Es ist nur eine Frage der Zeit, bis einer der Störfälle, die jedes Jahr immer wieder auftreten, in einen weiteren schweren Reaktorunfall mündet. Niemand kann voraussagen, wann und wie oft Reaktorkatastrophen passieren. Studien im Auftrag der US-Regierung versuchen nachzuweisen, daß Kernschmelzunfälle nur alle 10 000 bis eine Million Reaktorbetriebsjahre vorkommen dürften.... Demgegenüber ereignete sich der Unfall von Three Miles Island nach nur 15 000 Reaktorbetriebsjahren und Tschernobyl folgte nach nur weiteren 1900. Wenn sich die Unfallrate auf diesem Niveau halten würde, müßten sich bis zum Jahre 2000 drei weitere Unfälle ereignen. Ab diesem Zeitpunkt dann – mit über 500 Reaktoren am Netz – müßten sich Kernschmelzunfälle alle vier Jahre zutragen.«[1] Weltweit leben 700 Millionen Menschen im Umkreis von 160 km eines Atomkraftwerks[2] (in Mitteleuropa und speziell der Bundesrepublik fallen diese Zahlen auf Grund der hohen Bevölkerungsdichte noch wesentlich unangenehmer aus), und diese Tatsache eröffnet eine reizende Energieperspektive für die betroffene Bevölkerung. Zudem ist die Frage des Atommülls gänzlich ungelöst: »Die Tatsache, daß es auf der Welt mittlerweile 400 Atomreaktoren gibt, aber kein praktikables Endlagerkonzept für den Atommüll vorhanden ist, ist eines der größten Versäumnisse des Atomzeitalters.«[3] Zudem bleibt die beständige Gefahr der Verbreitung von Atombombenmaterial und -technologien und das Risiko des Nuklearterrorismus.

Wollen wir an dem hemmungslosen Verfeuern erschöpfbarer natürlicher Rohstoffe festhalten, um unsere irrwitzige Energiever-

---

1 *Zur Lage der Welt 87/88*, a.a.O., S. 109.
2 *Lage der Welt 87/88*, a.a.O., S. 110.
3 *Lage der Welt 87/88*, a.a.O. S. 108.

schwendung prolongieren zu können? An einer enormen Belastung unserer Atemluft mit Schadstoffen also und an der Aufheizung der Atmosphäre durch jährlich fünf Milliarden Tonnen Kohlenstoff weltweit? Wenn nein, dann werden wir ein völlig anderes Energie-nutzungsystem einführen müssen, begründet vor allem auf Energie-sparen, auf rationeller, umweltverträglicher Energienutzung und einer Energieerzeugung auf dezentraler, angepaßter Grundlage, ohne Atomenergie und mittelfristig durch verstärkte Nutzung rege-nerativer Energieträger.

Der Umbau des Energiesystems heißt also: Ausstieg aus der Atomenergie, Aufbau eines wirksamen Energiesparsystems und de-zentral angepaßter Heizkraftwerke, die auf der Grundlage fossiler Energieträger mit optimaler Rauchgasreinigung und vor allem mit Kraft-Wärme-Koppelung arbeiten. Nicht Kohle oder Atom ist ange-sichts der drohenden Klimakatastrophe die Alternative, wie gegen-wärtig die Protagonisten der Atomenergie nicht müde werden zu be-haupten. Keine Atomenergie, sowenig Kohle wie möglich bei optimaler Rauchgasreinigung und den höchsten, technisch machba-ren Energienutzungsgraden durch Kraft-Wärme-Koppelung und ein wirksames Energiesparsystem sind die tatsächliche Alternativen zur gegenwärtigen Energieverschwendungspolitik. *Peter Hennicke* nennt dies die »Effizienzstrategie« in der Energiepolitik. »Der Ein-satz von Kohle und (Gas) in Heizkraftwerken und nicht die Atom-energie ist die entscheidende sozialverträgliche Übergangstechnolo-gie zur Sonnenenergiewirtschaft. ... Eine Effizienzstrategie weist neben der CO_2-Entlastung zahllose positive Nebeneffekte auf (zum Beispiel weniger klassische Emissionen von Schwefeldioxid, Stick-oxid, mittelfristig Senkung der Energiekostenbelastung und positive Beschäftigungseffekte). Insofern ist der notwendige Umstieg in ein Energiesystem, das die Risiken mindert, in gesellschaftlicher Hin-sicht kein Opfer, sondern eine vielleicht letzte historische Chance.«[1]

---

1 Peter Hennicke – *Der atomare Irrweg;* aus: DIE ZEIT, S. 46, vom 31. 3. 1989.

Hinzuzufügen bleibt, daß es auch global zwingende soziale Gründe für eine wirksame Energiesparstrategie gerade in den reichen Industrieländern, diesen gigantischen Energiekonsumenten, gibt. »Der Weltenergieverbrauch an kommerziellen Energieträgern (Kohle, Öl, Gas, Wasserkraft und Atomenergie) betrug 1980 knapp 9 Mrd. t Steinkohleeinheiten (SKE). Rund vier Fünftel dieser Energieträger wurden von den Industrieländern in Ost und West verbaucht, in denen nur etwa ein Viertel der Weltbevölkerung lebt. Auf die Länder der Dritten Welt dagegen, in denen fast drei Viertel der Weltbevölkerung wohnen, entfällt knapp 1/5 des Weltenergieverbrauchs. Betrachtet man den Energieverbrauch pro Kopf, so werden die extremen Ungleichheiten noch deutlicher: Jeder Bewohner Nordamerikas verbraucht pro Jahr durchschnittlich etwa 11 t SKE, jeder Bundesbürger rund 6 t SKE, die Menschen in den Ländern der Dritten Welt durchschnittlich nur 0,5 t SKE. In vielen Ländern Schwarzafrikas und Asiens liegt der durchschnittliche Verbrauch sogar noch niedriger. Allein der Energieverbrauch des westdeutschen PKW-Verkehrs ist mit etwa 40 Mio. t SKE pro Jahr so hoch wie der gesamte Energieverbrauch der mehr als 300 Millionen Bewohner Schwarzafrikas.«[1] Wie soll das eigentlich funktionieren, wenn auch nur ein Teil der Drittweltländer in Zukunft unseren oder gar den nordamerikanischen Energiekonsum anstrebt? Wie soll das begrenzte Ökosystem Erde, heute bereits jenseits der Grenzen der Belastbarkeit angelangt, diese zusätzlichen enormen Schadstoff- und Wärmeemissionen eigentlich ohne wirksame Energiesparmaßnahmen und sanfte, regenerative Energieträger noch verarbeiten können? Und mit welchem Recht wollen wir die große Mehrheit unserer Mitmenschen in Elend, Armut und Unterentwicklung halten? Demnächst auch noch mit energie- und ökokolonialistischen Argumenten? Wohl kaum, aber die Dritte Welt wird eines nicht allzu fernen Tages zu Recht ihren Energie- und Wohlstandsanteil fordern und

---

1 Dieter Seifried – *Energie*, S. 13, München 1986.

bekommen, freiwillig oder gewaltsam, und wehe uns, wenn bis dahin die reichen Industrieländer nicht die umweltverträglichen Energiealternativen entwickelt haben.

»Wenn die gegenwärtigen Tendenzen im Energieverbrauch weltweit anhalten, muß man in einigen Jahrzehnten mit einer Verdoppelung des Energieverbrauchs rechnen. Würde das tatsächlich passieren, dann könnten weder der massive Ausbau der Kernenergie noch der Solarenergie, noch beide zusammen, den Ausstoß der Schadstoffe auf das Maß reduzieren, das zur Eindämmung des Treibhauseffektes notwendig ist. Nur der Aufbau einer äußerst effizienten Energienutzung in Industrie- und Entwicklungsländern kann Hilfe bringen. ... Die Priorität muß bei der Energieeinsparung und der besseren Energienutzung liegen. Und erst an zweiter Stelle ist die Ersetzung fossiler Energieträger durch nichtfossile sinnvoll etwa durch Solartechnik.«[1] So der CDU-Bundestagsabgeordnete und Vorsitzende der Bonner Enquete-Kommission zum Schutz der Erdatmosphäre, Bernd Schmidbauer. Dem kann man nur nachdrücklich zustimmen. Zudem darf man nicht vergessen, daß allein die großen Energieverschwender der nördlichen Hemisphäre über das Kapital und das technologische Know How für einen weltweiten Durchbruch zu einem umweltverträglichen und sozial gerechten Energiesystem verfügen, und daher stehen sie auch in einer besonderen Verantwortung für die zukünftige weltweite Energieentwicklung. Gerade auch unter dem hier angeführten globalen Verteilungsaspekt ist jede weitere Mark und jeder weitere Dollar oder Rubel, der in den Ausbau und den Unterhalt der Atomenergie gesteckt wird, eine krasse Fehlinvestition und besonders absurd, denn er wird bei der Finanzierung umweltverträglicher Energiealternativen schmerzlich fehlen.

Die Energiefrage ist die Schicksalsfrage aller Industriesysteme. Die Durchsetzung und Finanzierung einer umweltverträglichen

---

1 Interview mit Bernd Schmidbauer (CDU/MdB) in der FRANKFURTER RUNDSCHAU vom 24. November 1988.

Energienutzung, eines ökologischen Energiesystems also, werden die zentralen Basisinnovationen eines ökologischen Umbaus der Industriegesellschaft sein. Von ihr, von einem rationellen, die Energieumwandlung verknappenden, umweltgerechten Energiesystem wird auch der entscheidende kulturelle Impuls ausgehen, der das Verhalten der Menschen und der Gesellschaft und ihrer verschiedenen Subsysteme grundsätzlich verändern wird. Denn der ökologische Umbau wird die Industriegesellschaften auch zu einem kulturellen Umbruch nötigen, der unser Verhältnis zu unseren natürlichen Lebensgrundlagen, zur Umwelt also und zu ihren Ressourcen völlig verändern wird. Diese ökologische Kulturrevolution wird die Gesellschaft mindestens ebenso sehr verändern, wie es die Durchsetzung der auf Billigenergie und Energieverschwendung beruhenden spätkapitalistischen Konsumgesellschaft in den westlichen Industrieländern nach dem Zweiten Weltkrieg getan hat.

Wenn wir uns von einer verschwenderischen umweltschädlichen Energieerzeugung und -nutzung verabschieden wollen, und wenn wir die Schadstoffe in unserer Atemluft, den sauren Regen und die sterbenden Wälder nicht als Gottes Fluch zu akzeptieren bereit sind, wenn Straßen wieder ein gesellschaftlicher Raum werden sollen und nicht nur Stauraum für neuerdings bis zu 120 Kilometer lange Automobilschlangen, wenn wir die Zahlenmonotonie der jährlichen Statistik an Verkehrstoten, Verletzten und Sachschäden nicht länger klaglos akzeptieren wollen, dann werden wir auch unser vom Automobil nahezu ausschließlich dominiertes Verkehrssystem grundsätzlich verändern müssen. Wieviele Straßen, wieviele Autobahnen, wieviele Automobile, wieviel an Stickoxiden, Rußpartikeln und Benzolverbindungen, wieviele Verkehrstote und Verletzte und wie lange Staus verträgt dieses Land, seine Innenstädte, seine Umwelt und vor allem seine Menschen noch? Noch einmal sei der unverdächtige Zeuge Bernd Schmidbauer zitiert: »Der Verkehr beansprucht in der Bundesrepublik etwa 25 Prozent des gesamten Energieverbrauchs. Der Wirkungsgrad der eingesetzten Energie liegt im Verkehr besonders niedrig, nämlich bei nur 17 Prozent, 83 Prozent gehen verloren.

Es ist offensichtlich, daß das gesamte Verkehrssystem im Blick auf den Schadstoffausstoß modernisiert werden muß.«[1] Im Mekka des Automobils und der photochemischen Luftverschmutzung aus den Auspuffrohren, in Südkalifornien mit dem Großraum Los Angeles drohen Mensch und Umwelt an den Abgasen der KFZ kaputtzugehen. Dort plant jetzt die Umweltverwaltung die weltweit radikalsten Anti-Smog-Maßnahmen, die vor rigiden Fahrverboten, erheblicher Verteuerung des Autofahrens und weiteren harten Reglementierungen durch die Behörden keineswegs haltmachen. In Florenz war ein Bürgerentscheid zugunsten einer autofreien Innenstadt erfolgreich und wird in die Tat umgesetzt. Und in Stuttgart erwägt ein der CDU nahestehender Regierungspräsident wegen zunehmender Stickoxidbelastungen der Innenstadt durch die Automobile ebenfalls ein flächendeckendes Fahrverbot bei entsprechenden Luftwerten jenseits der amtlichen Smogperiode im Winter. In der Verkehrspolitik nähern wir uns, wenn es so weitergeht, dem schlichten Ende unseres Lateins. Die weltweite Automobilitis hat uns hier bereits endgültig bei der Ultima Ratio aller Politik ankommen lassen, nämlich beim Ruf nach der Polizei. Dabei sind auch hier die Alternativen bereits bekannt, machbar und finanzierbar. Die abenteuerliche Blindheit und Tatenlosigkeit der Bundesregierung in der Verkehrspolitik wird nun ein weiteres Mal durch die von Bundeskanzler Kohl am 14. April 1989 der Öffentlichkeit vorgestellte Kabinettsumbildung nachdrücklich demonstriert. Das Verkehrsressort, eigentlich eines der wichtigsten Umweltressorts, fungierte dabei als bloße koalitionspolitische Verschubmasse für einen lästig gewordenen Innenminister, als politisches Altenteil gewissermaßen, vergleichbar dem innerdeutschen Ministerium. Es ist völlig verrückt, aber ein Zentralbereich der gegenwärtigen Umweltkrise und einer zu entwickelnden vorsorgenden Umweltpolitik wird in Bonn als Friedenshort für verdiente politische Frühpensionäre verstanden. Dies ist der jüngste und überaus

---

[1] Interview mit Bernd Schmidbauer (CDU/MdB) a.a.O.

83

schlagende Beweis für die These von der tiefen Krise der gegenwärtigen Umweltpolitik.

Der Aufbau und der Unterhalt leistungsfähiger öffentlicher Verkehrssysteme und damit die Zurückstufung der Funktion des Automobils innerhalb des gesamten Verkehrssystems bei Beibehaltung hoher Mobilität, die Übertragung der realen gesellschaftlichen Kosten des Automobils auf dessen Benutzer und d.h. seine wesentliche Verteuerung, der Vorrang von Mensch und Umwelt vor dem automobilen Mobilitätsbedürfnis durch staatliche Ordnungsmaßnahmen (regional begrenzte und zeitlich befristete Fahrverbote, rigorose Abgasreinigungsvorschriften, gesetzlich zwingend geregelter Dreiwegekatalysator und Rußfilter für alle Dieselfahrzeuge und vor allem für LKW), prinzipieller Stop des Straßenbaus, weiterer Straßenbau nur noch als Ausnahme, wirksamer Lärmschutz, denn in den Ballungsgebieten ist der Lärm, verursacht vor allem durch den Straßenverkehr, mit das drängenste Umweltproblem für viele Menschen, Verlagerung des Güterverkehrs überwiegend auf die Schiene und eine umwelterhaltende politische Gestaltung der Höhe der Treibstoffpreise durch die Mineralölsteuer – das sind die unmittelbaren Ansatzpunkte eines ökologischen Umbaus des Verkehrssystems. Der Abschied von der Hegemonie des Automobils in den modernen Industriegesellschaften wird allerdings mit der schwierigste Teil einer jeden ökologischen Umbaupolitik werden. Wessen Herz, ja Männlichkeit oder gar Identität hängt schon an der Atomenergie? Eben. Am Auto hängt jedoch das Selbstwertgefühl von Millionen, hängen Ego, Freiheit, Macht, Prestige, Selbstdarstellung, Abenteuer, Sex und was es an überlebensnotwendigen Dingen und Fetischen sonst noch alles geben mag. Dieser Abschied wird daher schwierig und schmerzhaft und quälend werden, aber er ist nichtsdestotrotz unausweichlich.

Wollen wir uns auf Dauer damit abfinden, daß unsere Bäche, Flüsse und Ströme hochbelastete Abwässerkanäle bleiben? Wollen wir schicksalsergeben dem Ruin unserer Trinkwasserreserven durch Schadstoffe und Umweltgifte, jenen allgegenwärtigen Exkrementen unserer Industriezivilisation, einfach so entgegensehen? Wenn ja, dann bauen wir eben weiter Kläranlagen wie bisher, meinetwegen auch mit einer dritten Reinigungsstufe, verbessern nach und nach die Werte bei den Abwassereinleitungen von Direkt- und Indirekteinleitern und füttern eine aus den Fugen geratene chemisierte Landwirtschaft in Zukunft zusätzlich noch mit neuen Subventionen namens »Wasserpfennig« und Ausgleichszahlungen für Düngemittelbegrenzungen entlang von Gewässern und in Wasserschutzgebieten. Gewässerschutz wird sich somit zwar kaum wirksam betreiben lassen, wohl aber werden die Umwelthaushalte der öffentlichen Hände dadurch endgültig von der Krätze der Agrarsubventionen befallen. Darauf wird es dann angesichts des Debakels dieser Form von Umweltpolitik und seiner fatalen Folgen aber auch nicht mehr ankommen.

Wenn wir uns mit dieser Entwicklung allerdings nicht abfinden wollen, dann wird die Bundesrepublik die Sicherung und Sanierung ihrer Fließgewässer und Grundwasserreserven zu einer nationalen Aufgabe erklären müssen, zu einem wirklichen Generationenprojekt, denn 25 bis 30 Jahre wird eine solche Anstrengung wohl dauern und viele Milliarden DM verschlingen. Und es wird nicht allein mit weiterem Kläranlagenbau, dritter Reinigungsstufe und schärferen Einleitungsbedingungen getan sein (so unverzichtbar, wohlgemerkt, diese technischen Reinigungsmaßnahmen auch sind und sein werden). Die Großverursacher selbst wird es treffen müssen, und zwar zügig und hart. Und diese Absicht entwächst nicht etwa einer ideologisch begründeten Bösartigkeit gegenüber der Großchemie oder der Landwirtschaft, sondern allein aus der Sache selbst.

Die Bundesrepublik, das Land mit der weltgrößten Chemieindustrie, wird endlich den Mut aufbringen müssen, so etwas wie eine Chemiepolitik zu entwickeln und politisch in die Tat umzusetzen. Dem Umbau der Landwirtschaft als einer der direkten Hauptanwenderinnen von chemischen Umweltgiften und Schadstoffen kommt dabei eine gewichtige Rolle zu. Eine flächendeckende Düngemittelbegrenzung in der Landwirtschaft, Pestizidverbote und

Mengenbegrenzung beim Pestizideinsatz, Verbot von Massentierhaltung, scharfe Kontrolle des Marktes für Tierpharmazeutika bei Herstellern, Handel und Anwendern, ein milliardenschweres Umstellungsprogramm für umstiegswillige landwirtschaftliche Betriebe hin zu einem naturnahen, biologischen Landbau, Futtermittelimportverbote und flächenbezogene Tierhaltung zur Begrenzung des Gülleproblems – dies sind nur einige der wichtigsten Maßnahmen einer Politik des ökologischen Umbaus in der Landwirtschaft, jener unverzichtbaren Voraussetzung einer wirksamen Sanierung unserer Gewässer und Grundwasserreserven. Eine flächendeckende Umstellung der westdeutschen Landwirtschaft auf biologischen Landbau ist eine Kampfansage an die Großchemie mit ihrem gesamten profitablen Sammelsurium an Agrogiften, Düngemitteln und pharmazeutischen Masthilfen. Umbau der Landwirtschaft heißt also zuerst und vor allem die Zurückdrängung des Einflusses der Agrarchemie.

Die chemische Industrie selbst wird zudem als Großverursacher von einer Vielzahl von Gewässerbelastungen und anderen Umweltschäden unmittelbar im Zentrum einer ökologischen Umbaupolitik stehen müssen: erhebliche Verschärfung der Zulassungsbestimmungen für neue chemische Stoffe und Produkte und dabei vor allem eine gesetzliche Nachweispflicht ihrer biologischen Verträglichkeit, d.h. ihrer Abbaubarkeit in einer Umwelt und Menschen nicht belastenden Weise und in angemessenen Zeiträumen als unverzichtbare Genehmigungsvoraussetzung im Chemikaliengesetz, Pflanzenschutzgesetz, Düngemittelgesetz, Waschmittelgesetz, Lebensmittelgesetz und Arzneimittelgesetz (die gegenwärtigen Regelungen reichen bei weitem nicht aus und sind für die akute Misere verantwortlich); der Nachweis einer umwelttoxikologischen Unbedenklichkeit ist vor der Genehmigung eines neuen chemischen Produktes zu erbringen; der Nachweis der Verwertung oder umweltverträglichen Beseitigung der Produkte als Abfall ist ebenfalls bei der Genehmigung durch den Hersteller zu erbringen; die Herstellung, der Handel mit und die Verwendung von krebserzeugenden Stoffen werden verboten; gefährliche Stoffe, auf deren Anwendung verzichtet werden kann oder die durch umweltverträgliche Stoffe ersetzt werden können, werden ebenso verboten wie all jene Stoffe, die zwar nicht ersetzt werden können, deren Nutzen aber in keinem Verhältnis zu ihrer offensichtlich Umwelt und Menschen schädigenden Wirkung steht; chemische Grundstoffe mit hoher Schädigungswirkung der Umwelt (z.B. Chlor,[1] Schwermetalle, etc.,) werden besteuert, die Steuereinkünfte werden für Umweltsanierungsmaßnahmen zweckgebunden; die gefährlichsten und mengenmäßig bedeutsamsten, als umwelt- und wassergefährdend erkannten Altstoffe werden innerhalb von zehn Jahren Schritt für Schritt aus dem Verkehr gezogen; für die größten chemischen Risikopotentiale werden regionale Risikoanalysen erstellt und veröffentlicht; für die Produktionsanlagen von gefährlichen chemischen Stoffen wird ein erheblich verschärfter Sicherheitsstandard eingeführt, der eine Mehrfachredundanz zentraler Sicherheitsvorrichtungen und von der Umwelt abgeschlossener Kreislaufsysteme zwingend vorschreibt, ebenso geschlossene Kreisläufe für chemische Produktionen;[2] die Sicherheitsvorschriften zur Lagerung chemischer Produkte werden weiter verschärft; ein den kurz- und langfristigen Risiken der Großchemie angemessenes Haf-

---

1 Man betrachte sich einmal die *Gruppe der halogenierten Kohlenwasserstoffe* unter dem Gesichtspunkt ihrer Umweltschädlichkeit: »Umstrittene Vertreter dieser Stoffklasse sind DDT, das Holzschutzmittel Pentachlorphenol (PCP), die polychlorierten Biphenyle (PCB), Lösemittel wie Per (Perchlorethylen) oder Chloroform, chlorierte Dioxine und Furane (als Nebenprodukt oder Abfallstoffe), der Kunststoff PVC, die ozonschichtgefährdenden Fluorchlorkohlenwasserstoffe (FCKW) und viele andere mehr. Ein Pauschalverdacht gegen Vertreter dieser Stoffklasse erscheint berechtigt: Die meisten Umwelt- und Gesundheitsskandale der vergangenen Jahrzehnte waren mit (anorganischen) Schwermetallen oder chlorierten Kohlenwasserstoffen verknüpft, im besonderen die meisten Wasserverschmutzungen.« Rainer Grießhammer – *Chlor raus, was rein? Überlegungen zur Substitution halogenorganischer Kohlenwasserstoffe*; aus: Chemiepolitik: Gespräch über eine neue Kontroverse – Hrsg. Martin Held, S.187/88, Weinheim 1988.
2 Daß geschlossene Kreisläufe mit der weitgehenden Verhinderung der sattsam bekannten Schadstoffemissionen entlang des Luft- und Wasserpfades keineswegs nur eine theoretische Forderung sind, zeigt das Projekt einer westdeutschen Textilfabrik, das sich im Stadium der Realisierung befindet. »Zur weltweit ersten Textilfabrik, die keinerlei Schmutzwasser abgibt, wird ein Betrieb in Warendorf umgerüstet. Das kühne Projekt sieht zudem Strom- und Wärmeversorgung sowie Abfallbeseitigung in Eigenregie vor. . . . 18,5 Millionen Mark investiert das Unternehmen, 45 Prozent davon steuert das Bundesministerium für Umwelt, Naturschutz und Reaktorsicherheit bei.« WIRTSCHAFTSWOCHE Nr. 15, S. 102ff, vom 7. April 1989.

tungsrecht wird gesetzlich eingeführt, ebenso ein Haftungsfonds mit gesetzlicher Zwangsmitgliedschaft, um gegenwärtig noch nicht erkannte Schadensspätfolgen einmal abdecken zu können; es wird gesetzlich eine Abfallvermeidungs- und Abfallverwertungspflicht konkret für die einzelnen genehmigungspflichtigen Anlagen und genehmigungspflichtigen Produkte festgeschrieben, die gefährliche oder umweltbelastende Abfälle produzieren; die Hersteller von noch nicht verzichtbaren umweltgefährdenden Produkten (z.B. Lösungsmittel, Lacke, Pestizide, Batterien, etc.) werden zur Abfallrücknahme und umweltverträglichen Verwertung oder Beseitigung verpflichtet, die Kosten trägt der Hersteller; nach dem Stand der Technik nicht vermeidbare Umweltbelastungen und unumgänglicher Umweltverbrauch werden besteuert, jährliche Umweltbilanzen von Unternehmen, die die Umwelt belasten, zur Pflicht; selbstverständlich werden Altanlagen mit einem geringeren Sicherheitsstandard und anhaltenden Schadstoffemmissionen und gefährlichen Abfällen entsprechend hoch besteuert werden, um so die materiellen Anreize für eine zügige Modernisierung zu verstärken; parallel dazu werden alle umweltentlastenden Innovationen umweltverträgliche Produkte und Verfahren, Schadstoffvermeidung, Emmissionsverringerung und Abfallvermeidung und -verwertung – zu einer erheblichen steuerlichen Entlastung des Unternehmens führen.

Die hier formulierten ökologischen Zieldefinitionen werden bei ihrer Umsetzung in die gesellschaftliche Wirklichkeit einen tiefgehenden Strukturwandel unserer gegenwärtigen Industriegesellschaft nach sich ziehen. Sie werden eine grundlegende Veränderung in dem industriell vermittelten Verhältnis zwischen Produktionsweise und Umwelt mit sich bringen und an die Leistungsfähigkeit von Wirtschaft, Staat und Gesellschaft höchste Anforderungen stellen. Das heißt selbstverständlich aber auch, daß man, wie bei jedem Strukturwandel übrigens, in schwere Interessen- und Nutzungskonflikte hineingeraten wird. Die Automobilindustrie ist die größte, die Chemieindustrie die drittgrößte Industrie, zusammen sind sie die größten Gewinnmacher und Arbeitgeber. Gemeinsam mit der Energiewirtschaft sind sie auch für die schlimmsten Umweltbelastungen und -zerstörungen direkt und indirekt verantwortlich. Bereits der Ausstieg aus der Atomenergie würde in Westdeutschland, selbst bei völlig utopischen, satt grünen Mehrheiten im Bund, zu keinem gemütlichen Spaziergang werden. Dabei dürfte es den meisten Menschen ziemlich egal sein, wie ihr Strom erzeugt wird, und ob sie viel oder wenig davon verbrauchen. Wenn der Strom entsprechend umweltverträglich erzeugt und angeboten würde oder gar preiswerte Energiesparmaßnahmen den Stromverbrauch absenkten, so würde das im Gegenteil die meisten Konsumenten sogar noch freuen. Elektrizität, Energie im allgemeinen, ist für die Menschen viel zu abstrakt, konkret nur in ihrem Nutzen und im in Geld ausgedrückten Preis faßbar. Beim Verkehr, beim Automobil, bei den Treibstoffpreisen, bei den allfälligen Segnungen unseres durchchemisierten Lebensstils aber wird die Sache für die Mehrzahl der Menschen sehr viel konkreter. Beim Atomausstieg handelt es sich um ein relativ einfaches, überschaubares Großsystem zur Energieerzeugung, das als solches durch überschaubare und auch planbare Alternativen ersetzt werden kann. Beim Verkehr und bei der Chemie wird ein Ausstieg und Umstieg weitaus komplexer, schwieriger, unüberschaubarer. Aus der Chemie etwa können wir nicht einfach aus- und umsteigen, denn unsere gesamte Lebenswelt bräche zusammen, würde radikal verwandelt werden. Stattdessen ist ein mühseliger, breit angelegter Strukturwandel mittels einer ökologischen Chemiepolitik angesagt.

Jenseits nicht zu wünschender akuter Umweltkatastrophen scheinen die Fronten zwischen Wirtschafts- und Umweltpolitik daher bis auf weiteres verfestigt: hier Gewinne und Arbeitsplätze, dort Umwelt, Gesundheit und Selbsterhaltung; hier die kurzfristigen Gewinn- und Einkommensinteressen, dort die langfristigen Überlebensinteressen. Die Kunst einer ökologischen Wirtschaftspolitik wird nun darin bestehen, diese Frontstellung in ihrer Eindeutigkeit aufzulösen und wesentliche Anteile von den Arbeitsplätzen und Gewinnen auf die Seite der Umwelt herüberzuziehen. Gelingt dies nicht, wird eine ökologische Umbaupolitik bereits im Ansatz scheitern.

Dies heißt aber, daß *im Mittelpunkt einer Politik des ökologischen Umbaus die Herausbildung und Förderung eines einflußreichen, sowohl Arbeitsplätze als auch Gewinne schaffenden Umweltsektors in der Wirtschaft stehen muß, und daß die Entwicklung dieses Umweltsektors und seine Leistungsfähigkeit sowohl über die Geschwindigkeit als auch das Ausmaß des ökologischen Umbaus entscheiden werden.* Denn eine Umbaupolitik, die ihren Gegnern auch nur den Anschein einer drohenden Gefahr von Wirtschaftskrise und Massenarbeitslosigkeit als politisches Propagandainstrument an die Hand gäbe, würde sofort ihre demokratische Mehrheitsfähigkeit verlieren und weggefegt werden. Deshalb muß sich eine Politik des ökologischen Umbaus der Industriegesellschaft auch die wirksame Bekämpfung der Massenarbeitslosigkeit zu zentralen Aufgabe machen, und bei der Bewältigung dieser Aufgabe hat sie als eine aktive ökologische Investitionspolitik exzellente Erfolgsaussichten. Bereits 1984 waren 436 768 Arbeitsplätze im Umweltsektor der Bundesrepublik zu verzeichnen,[1] und da war von Umbau nicht im Entferntesten die Rede. Die auf einen ökologischen Umbau »abzielende Umweltpolitik schafft zusätzliche Arbeitsplätze in Bereichen zukunftsorientierter, großteils bisher versäumter Produktion. Eine synoptische Auswertung aller jüngeren Studien zum Zusammenhang ›Arbeit und Umwelt‹«, schreibt *Rudolf Hickel,* »belegt die arbeitsplatzschaffende Funktion der Umweltpolitik und widerlegt die These von der Job-Killer-Wirkung ökologischen Umbaus. Die Pionierstudien, die in der folgenden Übersicht zusammengefaßt sind, belegen selbst für die vergleichsweise moderate Umweltpolitik der siebziger Jahre positive Beschäftigungswirkungen.«[2]

Eine aktive ökologische Industrie-, Struktur-, Finanz- und Ordnungspolitik muß also versuchen, die langfristig wirkenden Umweltinteressen mit dem ganzen Schwergewicht der kurzfristigen Interes-

---

1 U. E. Simonis, a.a.O. S. 60.
2 Rudolf Hickel, a.a.O. S. 51. Hickel zitiert dort zudem eine Fülle konkreter Daten und Studien über die Beschäftigungseffekte von Umweltinvestitionen.

senfaktoren von Gewinn und Arbeitsplätzen zu verbinden. Um dies zu erreichen, wird eine solche Politik die Umweltsektoren in den bereits vorhanden Industriebereichen zu stärken und auszubauen haben und einen völlig neuen, eigenständigen und mächtigen Umweltsektor als Wirtschaftsfaktor durchsetzen müssen.

Die traditionsbewußten linken Leser wird es schon seit geraumer Zeit gruseln, ich weiß, und ich kann es ja verstehen. In der Vergangenheit durfte sich die Linke bis zur siegreichen Revolution immer viel gerechtere Gedanken machen, durfte das Kapital auf das heftigste angreifen und gnadenlos moralisch verurteilen und mußte sich nicht dessen Kopf zerbrechen. Die oftmals bitterböse Realität der sozialistischen Kapitalverhältnisse kam ja immer erst nach einer siegreichen Revolution beim Aufbau des Sozialismus auf sie zu, wenn sich eine revolutionäre Linke dann jeweils in eine bürokratische Nomenklatura verwandelte. Heute, angesichts einer vom Industrialismus quer zu den ideologischen Großsystemen verursachten globalen Umweltkrise, steht die Linke bereits im Kapitalismus vor der unaufschiebbaren Aufgabe einer ökologischen Perestroika ganz ohne sozialistische Perspektive, und das haben die Klassiker, ich gebe es zu, niemals vorgesehen.

Doch weg von den ideologischen Abschweifungen und zurück zur Sache. Daß es sich bei dieser Frage des Aufbaus eines dominanten Umweltsektors in der Wirtschaft keineswegs um eine Selbstverständlichkeit handelt, zeigt die gegenwärtige industriepolitische Entwicklung in der Bundesrepublik. Im Vorfeld des gemeinsamen europäischen Binnenmarktes in der EG nach 1992 wurden und werden hierzulande von den wichtigsten Industrie- und Finanzunternehmen entscheidende Weichenstellungen für die Zukunft vorgenommen, nachdem man jahrelang auf gewaltigen Barschaften tatenlos herumgesessen ist (Siemens soll über 20 Mrd. DM an liquiden Geldmitteln verfügen, bei Daimler Benz, RWE und den Chemieriesen war und ist es ähnlich). Diese unternehmerischen Strategie- und Investitionsentscheidungen, welche die gesamte westdeutsche und sogar westeuropäische Volkswirtschaft in die Zukunft hinein festlegen und binden werden, sind zugleich von einer borniert erhabenen Schlichtheit und erschöpfen sich in der Kohlschen Sinnsuche des bloßen »Weiter so!« Das industrielle Flaggschiff DAIMLER-BENZ vertraute (zurecht) nicht mehr der Zukunftsfähigkeit des Automobils und kaufte sich stattdessen mit AEG, DORNIER, MTU und MBB den größten europäischen Rüstungs-, Luft- und Raumfahrtkonzern zusammen, der in seinen anvanciertesten Produkten völlig von jenen öffentlichen Subventionen namens Militärhaushalt abhängt. HOECHST, BASF und BAYER kauften sich mit Milliarden DM vor allem Chemiefirmen in den USA ein, das RWE erwarb die DEUTSCHE TEXACO, und SIEMENS versucht mal friendly und dann wiederum unfriendly Take Overs in Großbritannien. Keiner dieser deutschen Konzerngiganten stellte sich auch nur im Ansatz seiner ökologischen Verantwortung bei diesen strategischen Investitionsentscheidungen, obwohl sie alle im Golde schwimmen. Das RWE setzt nicht auf ein umweltverträgliches rationelles Energiesystem, sondern geht verstärkt ins Ölgeschäft. Die Großchemie überläßt die Frage einer risikoärmeren oder gar sanften Chemie ihren Öffentlichkeitsabteilungen und baut ihre traditionellen umweltzerstörenden Produktionslinien durch weitere Zukäufe international munter aus. Die Gewinne des Jahres 1988 beweisen dies. Und DAIMLER BENZ hält wenig von einem umweltverträglichen Verkehrssystem und sehr viel vom Jäger 90 und anderen Rüstungsspielzeugen.

Allein für die Entwicklung des Jäger 90 muß der Bund nach Angaben der Bundesregierung mindestens sechs Milliarden Mark bereitsstellen, für die folgende Serienproduktion mindestens 16,5 Milliarden. Die SPD-Opposition im Deutschen Bundestag geht bei ihren Berechnungen von schließlichen Endkosten zwischen 100-150 Milliarden DM für den Jäger 90 aus! Die Sozialdemokraten dürften, so man die Erfahrungen mit dem Tornado zugrunde legt, wohl Recht behalten. Die eigentlichen Gründe für den Jäger 90 liegen überhaupt nicht im militärischen Bereich, sondern ausschließlich in staatlicher Forschungs- und Industriesubvention. »»Das Jagdflugzeug der Zukunft ist nicht nur aus militärischen Gründen notwendig. Die Entscheidung für dieses Projekt ist zugleich auch die unabding- bare Existenzsicherung der europäischen Luft- und Raumfahrtindu- strie weit bis in das nächste Jahrtausend‹, wußte Hanns Arndt Vo- gels, der nicht nur Chef von MBB ist, sondern auch Präsident *des Bundesverbandes der Deutschen Luft- und Raumfahrtindustrie.* … Die Arbeitsplätze von rund 5000 höchstqualifizierten Entwick- lungsingenieuren bei MBB und dem wichtigen Auftragnehmer Dor- nier, einer Daimler-Benz-Tochtergesellschaft, wären in Gefahr, und bis zu 20 000 Beschäftigte in den Fabrikhallen seien von Arbeitslo- sigkeit bedroht, wenn der Jäger nicht gebaut werde.«[1] Kein Wunder, daß DAIMLER BENZ die politische Entscheidung für den Jäger 90 als unabdingbare Voraussetzung für seinen Einstieg bei MBB erklärt und auch bekommen hat. Mit nur einem Zehntel dieses staatlich ga- rantierten Geldregens versehen, würde der Bundesumweltminister in den Gefühlshimmel der Seligen entschwinden!

Die Begründung für diese organisierte Verantwortungslosigkeit lautet regelmäßig, man sei bei den unternehmerischen Entscheidun- gen eben dem Wohl der Aktionäre und deren Dividenden verant- wortlich. Wer sagt es denn? Eine schönere Begründung für eine ak- tive ökologische Wirtschafts- und Industriepolitik seitens des Staates wird man schwerlich finden können. Wenn die Privaten in Industrie, Finanz und Handel die Verantwortung für das Ganze mit Hinweis auf die Partikularinteressen der Aktionäre (zurecht übrigens!) ableh- nen, dann allerdings ist die Politik in ihrer Gesamtverantwortung dringend gefragt.

Eine ökologische Wirtschaftspolitik wird zuerst und vor allem die Tatsache verändern müssen, daß die Umwelt in Preisen erheblich unterbewertet ist. »Die heutige Umweltzerstörung und Ressourcen- erschöpfung ist, ökonomisch gesprochen, letztlich das Ergebnis eines Wirtschaftsprozesses, in dem Natur weitgehend zum Nulltarif

---

1 So DIE ZEIT vom 28. Oktober 1988. Siehe dazu auch DER SPIEGEL Nr. 19, S 24/25, vom 9. Mai 1988.

oder – was Rohstoffe und Energiequellen angeht – zu geringen Preisen in Anspruch genommen wird.«[1] Dem Wirtschaftsgut Umwelt ginge es erheblich besser, wenn seine Nutzung, Schädigung oder gar Zerstörung in realen Preisen ausgedrückt und erbarmungslos in harter Währung beigetrieben würde. Der Markt allerdings kann sich offensichtlich nicht darauf einstellen, daß es sich bei der Umwelt um ein knappes, ja zunehmend äußerst knappes Wirtschaftsgut handelt, und das hat benennbare Gründe: »Einzelwirtschaftliche und gesamtwirtschaftliche Rationalität (oder: einzel- und gesamtwirtschaftliches Optimum) fallen bei der Existenz von externen Effekten – und Umweltschäden sind typische Beispiele von negativen externen Effekten – auseinander. Für ein Einzelunternehmen ist es rational, kostenminimierend zu produzieren, auch wenn dadurch außerhalb des Unternehmens wachsende Umweltschäden und andere Wohlfahrtsverluste ausgelöst werden. Denn solange die kostenlose Nutzung von Leistungen der Natur nicht verboten ist, würde das Unternehmen seine Konkurrenzsituation nur verschlechtern, wenn es die Umweltbelastung kostenträchtig . . . vermeiden würde. Es kann nicht damit rechnen, daß andere Konkurrenten freiwillig genauso verfahren. Diese Dilemmasituation führt dazu, daß alle Unternehmen je für sich rational handeln, wenn sie ökologische und soziale Folgekosten ihrer wirtschaftlichen Tätigkeit so weit wie möglich abwälzen. In der Konsequenz führt dies jedoch zu einem für die gesamte Gesellschaft irrationalen Ergebnis, da sie das Opfer der sich akkumulierenden und beschleunigt steigenden Umweltschäden und der davon ausgehenden Folgebelastungen ist. Es entsteht eine wachsende Diskrepanz zwischen den einzelwirtschaftlich getragenen und den gesamtgesellschaftlich tatsächlich entstehenden Kosten, zu denen eben auch die rasch wachsenden ökologischen und sozialen Folgekosten des Wirtschaftsprozesses gehören.«[2]

---

1 Christian Leipert – *Grundfragen einer ökologisch ausgerichteten Wirtschafts- und Umweltpolitik;*
aus: Beilage zur Wochenzeitung DAS PARLAMENT, S. 29, B27/88 vom 1. Juli 1988.
2 Leipert, a.a.O. S. 29

Zur Untermauerung dieser These einige prägnante Rechenexempel. Das UMWELT- UND PROGNOSEINSTITUT Heidelberg (UPI) hat in seinen »*Vorschlägen für eine ökologische Steuerreform*« folgende Kostenrechnung des KFZ-Verkehrs in der Bundesrepublik erstellt: »Insgesamt stehen den staatlichen Einnahmen durch den KFZ-Verkehr in Höhe von 31,4 Milliarden DM im Jahre 1986 bzw. 441 Milliarden DM im Zeitraum 1960-1986 quantifizierbare Kosten des KFZ-Verkehrs in Höhe von 109 bis 117 Milliarden DM im Jahre 1986 bzw. 1900 bis 2150 Milliarden DM im Zeitraum 1960-1986 gegenüber. Damit ergibt sich ein jährliches volkswirtschaftliches Defizit des KFZ-Verkehrs von mindestens 78 bis 86 Milliarden DM. Das Gesamtdefizit im Zeitraum 1960-1986 betrug mindestens 1460 bis 1710 Milliarden DM.«[1] Der CDU-Landtagsabgeordnete im baden-württembergischen Landtag und umweltpolitische Sprecher seiner Fraktion, *Rudolf Decker,* hat folgende Umweltrechnung im Vergleich aufgestellt: Ein 38-Tonnen-Bahntransport kostet im »umweltgerechten Endpreis« 3783 DM. Ein 38-Tonnen-LKW-Transport kostet im »umweltgerechten Endpreis« 6473 DM.[2] Die Realität im Schwerlastverkehr der Bundesrepublik zeigt, daß die Preisproportionen alles andere als »umweltgerecht« sind: »Seit 1960 hat sich der Straßengüterfernverkehr mehr als verdreifacht. Die Bundesbahn karrt heute noch genauso viele Güter durch die Republik wie 1960. Gerade zwanzig Millionen Tonnen davon, nicht einmal zehn Prozent, werden im sogenannten kombinierten Verkehr von Straße und Schiene befördert. Dabei drängt sich die Zusammenarbeit eigentlich auf.«[3]

Die notwendige Preiskorrektur hin zu den realen ökologischen und sozialen Kosten umweltbelastender Produkte, Verfahren und Dienstleistungen wird also mittels wirtschafts- und finanzpolitischer Maßnahmen des Staates eingeleitet werden müssen und ist damit

1 Ökosteuern als marktwirtschaftliches Instrument im Umweltschutz – Vorschläge für eine ökologische Steuerreform; aus: UPI-Bericht Nr. 9, S. 31, Heidelberg, April 1988.
2 Rudolf Decker – *Operation Umwelt*, S. 380/81, Neuhausen-Stuttgart 1988.
3 DIE ZEIT, S. 30, vom 31. März 1989.

eine prioritäre und originäre Aufgabe einer ökologischen Wirtschafts- und Finanzpolitik. Hierin liegt die zentrale Marktsteuerungsfunktion einer ökologischen Steuerreform, nämlich Umweltbelastungen erheblich zu verteuern und Umweltentlastungen durch Steuerminderung zu belohnen. Die Einführung eines Systems der jährlichen Umweltbilanzierung und ihre fiskalische Bewertung muß neben den Einkommen zur zweiten Säule eines derart umgestalteten Steuersystems werden.[1] Zu diesem fiskalischen Steuerungsbereich gehört auch eine in realen Preisen sich ausdrückende Haftpflicht für alle wesentlichen umweltriskanten Anlagen, Stoffe und Verfahren und ein Haftungsrecht mit Beweislastumkehr zu Lasten des Verursachers von Umweltschäden.

Eine ökologische Wirtschaftspolitik wird zudem erhebliche Investitionsmittel aus den öffentlichen Haushalten in die Umweltsanierung, in ein umweltverträgliches Energiesystem, eine neue Verkehrsstruktur, eine naturnahe Landwirtschaft, eine Entgiftung von Konsum und Lebenswelt, eine ökologische Forschungspolitik, eine moderne Umweltkontrolle u.ä.m. umzulenken und damit die entscheidenden Impulse für eine Umstrukturierung der gesamten Volkswirtschaft zu geben haben. Darüber hinaus aber wird eine aktive Umbaupolitik auch erhebliche private Nachfrage schaffen und fördern müssen, denn ein gut Teil von Energiesparleistungen, Schadstoffverringerung etc. wird durch die Verbraucher nur über die Anschaffung neuer Geräte und Apparaturen zu realisieren sein. Solche Umstiegsleistungen über Verbraucheraufklärung aber auch materielle Anreize herbeizuführen, ist ebenfalls eine wichtige Komponente einer ökologischen Wirtschaftspolitik.

Neben der wirtschaftspolitischen Förderung starker Umweltsektoren in Industrie und Landwirtschaft bedarf es auch der nachdrück-

---

1 »Die Beseitigung der Schäden energisch anzugehen, ist für die Wirtschaft auf Dauer jedoch entwicklungsrational. Einzelwirtschaftlich dazu erforderlich ist vor allem ein *neuer Gewinnbegriff*, der die zeitlich verzögerten Folgebelastungen bei Verdrängung ökologischer Schäden in das heutige Investitionskalkül verankert. Anders formuliert läßt sich wiederholen: Ökologische Ziele müssen im Anreizsystem ökonomischen Verhaltens internalisiert werden.« Rudolf Hickel, a.a.O. S. 44.

lichen Entwicklung eines *Sektors für Umweltdienstleistungen.* Viel-fältige Beratungstätigkeiten im Umweltbereich, intensive Anforde-rungen an wissenschaftliche Analyse, umfassende Kontrollfunktio-nen und Informationen werden besser von Privaten zu erbringen sein als von der öffentlichen Umweltverwaltung. So werden zum Beispiel bereits heute wichtige Überwachungsfunktionen in der Um-weltanalytik von privaten wissenschaftlichen Instituten wahrgenom-men, ebenso Information und Aufklärung. Mit den unumgänglichen gesetzlichen Verschärfungen im Bereich des Lebensmittelrechts, des Chemikaliengesetzes, des Bundes-Immissionschutzgesetzes, des Pflanzenschutzgesetzes u.a., würde sich hier ein breiter Markt gerade für angewandte Naturwissenschaften im Dienste der Umwelt eröff-nen. Die Umweltverwaltung sollte sich in ihrem wohlverstandenen Eigeninteresse auf die effiziente Kontrolle der Kontrolleure be-schränken und jede unnötige und ineffiziente Aufblähung scheuen.

WER SOLL DAS BEZAHLEN?

Natürlich stellt sich nach all dem Gesagten unmittelbar die Frage nach der Finanzierung. Auch der ökologische Umbau wird erst einmal verdient werden müssen und wird nicht inflationär durch die Betätigung der staatlichen Notenpresse finanziert werden können. Hier greift nun ein ökologisches Steuersystem in seiner doppelten Funktion. Erstens soll es umweltbelastende Produkte soweit verteuern, daß die realen ökologischen Kosten in ihren Preisen zur Geltung kommen; und zweitens soll es die finanziellen Mittel für eine ökologische Umbaupolitik verursacherbezogen mobilisieren. Eine präzisierende Definition sei hier gleich eingeführt: unter Umweltsteuern und einem ökologischen Steuersystem begreife ich im Folgenden nicht nur »echte Steuern« im strengen fiskalischen Sinne, sondern der besseren Verständlichkeit halber den gesamten Komplex von Steuern, Abgaben, Gebühren, etc. aus dem Umweltsektor, die durch politische Entscheidungen der Volkswirtschaft abverlangt werden und zugunsten einer vorsorgenden Umweltpolitik als ökonomische Steuerungsinstrumente eingesetzt werden können. Wichtige Feinheiten, wie daß sogenannte »Erdrosselungssteuern« (eine Steuer, die statt eines gesetzlichen Verbotes erhoben wird, aber letztendlich mit demselben Verbotszweck) hierzulande vom Bundesverfassungsgericht für verfassungswidrig erklärt wurden, oder der Unterschied zwischen Steuer und Abgabe in Zweck, Reichweite und Wirkung, werden hier nicht weiter erörtert.[1]

---

[1] Zum Grundverständnis der gesamten ordnungspolitischen und fiskalischen Steuerungsproblematik in der Umweltpolitik mag folgendes einfache Grundmuster dienen, das die Autoren des UPI-Instituts formuliert haben: »1. Umweltschädliche Produkte, auf die vollständig verzichtet werden kann – Verbot. 2. Einzelschadstoffe, die deutlich reduziert werden können – Grenzwerte, Umweltsonderabgaben. 3. Umweltbelastender Konsum, der nur schwer und langsam reduziert werden kann – Öko-Steuern.« *Ökosteuer-Vorschlag des UPI-Instituts – Reaktionen, Argumente, Diskussion;* aus: UPI-Bericht Nr. 13, S. 19, Heidelberg, Februar 1989.

Klar ist auch, daß zu den bestehenden Steuerlasten nicht einfach beliebig neue, ökologisch begründete Steuern dazugepackt werden können, daß es also parallel zur Einführung von Umweltsteuern in anderen Bereichen des Steuersystems zu spürbaren Entlastungsschritten wird kommen müssen. Und die Summen, um die es dabei geht, werden ganz erheblich sein.

»In die Abwasser- und Abfallentsorgung müssen Bund, Länder und Gemeinden in den nächsten 15 Jahren mehr als 170 Milliarden Mark investieren. Auf diese Summe kommt das den Arbeitgebern nahestehende Kölner *Institut der Deutschen Wirtschaft* (IW) in einer Studie. Zwar schreiben die Wissenschaftler, daß solche Kosten ›die finanziellen Möglichkeiten der Gebietskörperschaften ... weit übersteigen‹, doch geben sie keine Antwort darauf, woher dann das Geld kommen soll. Gemessen an den sechs Milliarden Mark, die derzeit jährlich in das Kanalnetz, in Deponien und Müllverbrennungsanlagen gesteckt werden, bedeutet der vom IW für die Zukunft ermittelte Aufwand praktisch eine Verdoppelung.«[1] Und diese 170 Milliarden DM in den nächsten 15 Jahren prolongieren lediglich die gegenwärtige Umweltpolitik, von einem ökologischen Umbau ist in dieser Rechnung nicht die Rede! Vergleicht man diesen Betrag allerdings mit den Verteidigungshaushalten der Bundesrepublik in den kommenden 15 Jahren (52,77 Milliarden Mark in 1988/89 als »verfügbares Soll«) oder lediglich mit den Subventionen des Bundes in demselben Zeitraum, so nimmt sich die Zahl keineswegs mehr so dramatisch aus.

Umweltsteuern, so sie nicht nur die staatlichen Kassen füllen, sondern im ordnungspolitischen Sinne wirklich »steuern« sollen, werden vor allem verursacherbezogen und ursachenbezogen erhoben und, dies ist von großer Bedeutung, auch ursachengebunden und ursachenbehebend zum großen Teil wieder ausgegeben werden müssen. Ursachenbezogene Umweltsteuern und -abgaben sollten dabei

---

1 FRANKFURTER RUNDSCHAU vom 4. April 1989.

in einem ersten Schritt an den wirklichen Ursachen ansetzen und erst in einem zweiten Schritt deren mißliebige Folgen ins Auge fassen. Die Kosten eines effizienten und umweltverträglichen Verkehrssystems werden demnach vor allem durch den automobilisierten Individualverkehr und den Straßenschwerlastverkehr zu erbringen sein. Mit der Mineralölsteuer (26 Milliarden DM im Jahr 1987) gibt es bereits ein vorzügliches fiskalisches Instrument, nur daß deren Verwendung der Änderung bedarf. Sie diente ursprünglich vor allem dem öffentlichen Straßenbau, heute füllt sie das allgemeine Steuersäckel des Staates. Ihre Bindung zu wesentlichen Teilen an die Finanzierung des Aufbaus eines umweltgerechten Verkehrssystems ist unverzichtbar. Eine völlige Neuorganisation der KFZ-Steuer entlang der Schadstoff- und Umweltbelastungen durch das Auto wäre ebenso angebracht, um damit auch den Trend hin zu umweltschonenden Automobilen zu verstärken. Dazu wird sich ein engmaschiges Geflecht von Wegegebühren, Parkgebühren etc. durchsetzen, mit dem vor allem die Kommunen ihre Verkehrspolitik zusätzlich finanzieren werden. Das Autofahren nach der Jahrtausendwende wird also gewiß sehr teuer und kaum noch ein Vergnügen sein, wenn wir dereinst die gesamten Kosten der Automobilisierung auf unsere Lieblingsspielzeuge umgerechnet bekommen werden. Andererseits ist allerdings schon heute gewiß, daß wenn wir besinnungslos im jetzigen Stile weitermachen, nicht nur das Autofahren in immerwährenden Staus zur Hölle werden wird, sondern das Atmen und das Leben ebenso.

Die Energiepolitik ist hierzulande gesetzlich geregelt und streng monopolisiert. Die Strompreise sind keine Marktpreise, sondern durch das Energiewirtschaftsgesetz politisch festgesetzte Preise, und als politische Preise sind sie innerhalb gewisser Grenzen auch für den ökologischen Umbau des Energiesystems voll zu nutzen. Hierbei gäbe es wohl das geringste Geschrei (verglichen mit dem Verkehr und der Chemie etwa, auch wenn das Getöse dennoch so laut anschwellen wird, daß es selbst den Erzvater Abraham im jahrtausendealten Grabe wecken wird), da sich an der politischen Dominanz nichts ändern würde. Es käme lediglich zu einer völlig anderen energiepolitischen Prioritätensetzung: Ausstieg aus der Atomenergie, Rekommunalisierung der von Hitler 1935 auf dem Wege einer kalten Enteignung der kommunalen Träger geschaffenen bundesdeutschen Strommonopole und Umkehrung der Tarifstruktur, die den rationellen und knappen Energieverbrauch fördert und nicht bestraft. Zudem eine starke steuerliche Vorrangstellung für Kraft-Wärme-Koppelung und Fernwärmenutzung, für Energiespartechnologien, für regenerative Energieträger, für umweltschonende Eigenstromerzeugung u.v.m. Gerade die Energiepolitik ist das klassische Feld für fiskalische Steuerungsfunktionen, mit denen man schnell große praktische Wirkungen zeitigen könnte.[1] Es geschieht umweltpolitisch in der Energiepolitik gegenwärtig jedoch so gut wie nichts oder oftmals noch das gerade Gegenteil.

In der Chemiepolitik wird es die schärfsten Debatten, Konflikte und Pressionen geben, denn dort hat man es nicht nur mit äußerst umweltaggressiven Stoffen zu tun, sondern auch mit der in ihren Töchtern fortdauernden Haifischmentalität der alten IG Farben. Die umweltwirksame und d.h. nachhaltige Besteuerung der wichtigsten umweltrelevanten chemischen Grundstoffe wird hier im Vordergrund stehen. Dem werden allerdings ebenso nachhaltige steuerliche Anreize für die Umstellung auf umweltverträgliche Stoffe und Verfahren entsprechen müssen, damit die erwünschten Umbaueffekte in der Chemie tatsächlich zum Tragen kommen. Ansonsten wird eine ökologische Chemiepolitik sehr stark von direkten staatli-

---

1 «Im Falle des Energie- und CO_2-Problems ist es nicht sehr sinnvoll zu fragen, wieviel Energie mit dem heutigen Energie- und Steuerrecht gespart werden kann. Die Frage muß umgekehrt lauten, welche Erhöhung der globalen mittleren Jahrestemperatur in Zukunft maximal tragbar erscheint. . . . Daran anschließend muß sich dann die Frage, mit welchen Mitteln dies erreicht werden kann. Technisch wäre es z.B. kein Problem, den heutigen Verbrauch fossiler Energie bei gleicher Lebensqualität um etwa die Hälfte zu reduzieren, da der größte Teil der verbrauchten Primärenergie aufgrund schlechter Wirkungsgrade ungenutzt verlorengeht. Die entscheidende Frage ist, wie dieses erreicht werden kann. Dazu sind ein Bündel von Maßnahmen notwendig, die von der Änderung des Energiewirtschaftsgesetzes über die Förderung der besseren Energienutzung bis hin zur Entwicklung neuer Energiequellen reichen. Der entscheidende Hebel zu einer besseren Energienutzung ist jedoch der Preis der Energie. Solange Energie so billig ist, daß es sich wirtschaftlich nicht lohnt, in umweltfreundliche Energienutzung zu investieren, wird sich wenig ändern.« Siehe UPI-Bericht Nr.13, a.a.O. S.5/6.

chen Maßnahmen bestimmt werden, und steuerlich wird die Chemie zudem die Hauptbetroffene der Umweltsteuern in der Landwirtschaft und der Besteuerung der Schadstoffpfade (Luftemissionen, Abwasser und Abfall) sein.

Die Landwirtschaft wird – analog der Elektrizitätswirtschaft bereits heute völlig über politische Preise und die staatlichen Agrarsubventionen dominiert. Eine ökologische Prioritätensetzung seitens der Politik wird dort vor allem eine Neuverteilung der Agrarsubventionen zugunsten einer umweltschonenden und naturerhaltenden Landwirtschaft beinhalten. Eine wirksame Stickstoff- und Pestizidabgabe werden diese Maßnahme flankieren, ebenso wie eine Überprüfung bis hin zum Wegfall bestehender steuerlicher Erleichterungen, die eine industrielle Landwirtschaft fördern. Entschädigungszahlungen für umweltgerechtes Verhalten der Landwirte in besonderen ökologischen Schutzgebieten (z.B. der sogenannte »Wasserpfennig«) machen wenig Sinn, denn sie erklären die anzustrebende ökologische Regel in der Landwirtschaft (umweltgerechter Anbau) faktisch zu einer gesondert zu honorierenden Ausnahme. Umstellungshilfen hin zum biologischen Landbau hingegen honorieren die Regel, daß eine »ordnungsgemäße Landwirtschaft« eben so zu führen ist, daß Natur und Umwelt möglichst wenig belastet und geschädigt werden. Gerade in der Landwirtschaft wird eine Intensivierung der Umweltberatung von entscheidender Bedeutung sein, ebenso wie Vermarktungsförderungen, Umstellungshilfen u.v.m.

Die zweite große Gruppe von Umweltsteuern und -abgaben wird sich auf die umweltbelastenden Folgen von Produkten und Verfahren beziehen müssen und zwar entlang der wichtigsten Schadstoffpfade, entlang der Abluft, des Abwassers und des Abfalls. Mit der Abwasserabgabe gibt es hier ebenfalls bereits heute ein Vorbild, das jedoch in finanzieller Höhe, Bemessungsumfang, Anzahl der Schadstoffe und Erhebungsform dringend der Verbesserung bedarf. Anders als die Mineralölsteuer ist die Abwasserabgabe zweckgebunden und wird von den Ländern zur Finanzierung des Baus von Kläranlagen eingesetzt. Gerade bei großen, industriellen Direkteinleitern hat die Abwasserabgabe zudem in den vergangenen Jahren durchaus steuernd gewirkt (wenn auch bei weitem nicht ausreichend) und bestätigt auch insofern die Notwendigkeit und Wirksamkeit von Umweltsteuern und -abgaben. Mit Abgaben belastet werden kann allerdings nur, was an Schadstoffen nach dem Stand der Technik nicht zurückzuhalten oder gar zu vermeiden ist. Alles andere fällt unter das Verbotsverdikt. Eine Schadstoffabgabe für Luftemissionen ist angesichts der mit der Abwasserabgabe gemachten Erfahrungen längst überfällig und dringend notwendig. (Bei der Abgasreinigung von Automobilen mit steuerlichen Belastungen oder gar Anreizen zu arbeiten, ist allerdings etwas possierlich, denn hier bedarf es lediglich einiger schlichter gesetzlicher Regelungen, und in der Bundesrepublik wären geregelter Dreiwegekatalysator, Rußfilter und Geschwindigkeitsbeschränkungen auf den Autobahnen flächendeckend und unverzüglich obligatorisch. Sollte es darüber hinaus noch steuerlicher Belastungen bedürfen, voilá.) Aber auch hier sei nochmals betont, daß entsprechende Investitionsanstrengungen zur Umweltentlastung nicht nur zu Abgabenminimierung führen dürfen, sondern daß es vielmehr zusätzliche positive steuerliche Anreize für Umweltinvestitionen geben muß, die wirken. Der gesamte Abfallbereich eignet sich ebenfalls vorzüglich zur Regulierung über Gebühren, Abgaben und Steuern. Verpackungssteuern für unsinnige und überflüssige Verpackungen, ein umfassendes Pfandsystem für umweltbelastende und umweltgefährdende Produkte mit Rücknahmepflichten des Handels und der Erzeuger, wirksame steuerliche Förderung von Abfallvermeidungs- und Abfallverwertungstechnologien bei gleichzeitiger Dynamisierung der Müllgebühren nach oben, steuerliche Förderung von Recyclingprodukten, eine dramatische Anhebung der Gebührenbelastung für Müllexporte, um so die Anreize für Alternativen im Inland (vor allem bei Vermeidung und Verwertung) erheblich zu verstärken.

Bleiben noch zwei allgemeinere Maßnahmen nachzutragen: Erstens sollte man aus dem gegenwärtigen Elend der Altlastensanierung und dem unsäglichen Gerangel um ihre Finanzierung zwischen den Kommunen, den Ländern, dem Bund und der Industrie lernen, daß man für zukünftige Fälle materiell vorzusorgen hat. Warum soll zum Beispiel die Großchemie nicht gesetzlich zu einem Schadensfond verpflichtet werden, der eine branchenspezifische Rücklage für heute noch nicht erkannte Umweltschädigungen sein würde? Und dies hat auch für alle anderen umweltrelevanten Industriesektoren zu gelten. Es ist überhaupt nicht einzusehen, warum zum Beispiel die Energiewirtschaft nicht mit erheblichen Summen für die Folgen des Waldsterbens gegenüber den Geschädigten geradezustehen hat und die Baustoffindustrie für die Asbestsanierung, die die öffentlichen Hände derzeit hunderte von Millionen Mark kostet.

Zweitens wird man ein Umweltbilanzierungssystem einführen müssen, das die wichtigsten Verursacher von Umweltbelastungen und -schädigungen (die nach dem Stand der Technik unvermeidlich und daher erlaubt sind) erfaßt, deren Verbrauch, Belastungen und Schäden quantifiziert und entsprechende Steuern und Abgaben darauf erhebt. Ein solches in Preisen quantifiziertes Umweltbilanzierungssystem hat die Funktion, die realen Kosten von Umweltbelastung und -verbrauch sowohl einzelbetrieblich als auch volkswirtschaftlich zu einer faßbaren und eigenständigen Kalkulations- und Kostengröße zu machen. (Zum Beispiel sind Lohnkosten und Lohnnebenkosten gegenwärtig eine feste Kalkulationsgröße, die Kosten der Umweltbelastung jedoch nicht. Genau dieses soll und muß anders werden.) Das heißt nichts anderes, als daß sich die Unternehmen daran gewöhnen werden, daß sie sich in ihren Steuerabteilungen in Zukunft nicht nur entlang von Lohn-, Mehrwert-, Körperschaftssteuern etc.[1] gegenüber den Finanzämtern erklären müssen, sondern daß ein weiterer wesentlicher Teil namens Umweltsteuern dazukommen wird. Der bürokratische Aufwand wird, von den An-

---

[1] 1987 gab es in der Bundesrepublik Deutschland ein Gesamtsteueraufkommen von 468,7 Milliarden DM. Die wichtigsten Teilsteuern waren die Lohnsteuer mit 164,1 Mrd.DM, die Umsatz- bzw. Mehrwertsteuer mit 118,7 Mrd DM, die Gewerbesteuer mit 31,4 Mrd. DM, die Einkommenssteuer mit 30,7 Mrd. DM, die Körperschaftsteuer mit 27,3 Mrd. DM und die Mineralölsteuer mit 26,1 Mrd. DM. Aus: FRANKFURTER RUNDSCHAU vom 12. 11. 1988

lauf- und Einführungsschwierigkeiten einmal abgesehen, keineswegs größer sein als beim gegenwärtigen Steuersystem auch. Diese Integration von Finanz- und Umweltabteilungen in den Unternehmen wird zudem einen gewünschten technologischen Innovationseffekt zugunsten einer umweltschonenderen (und d.h. kostengünstigeren) Produktion bringen, denn Umweltbelastung und Umweltverbrauch werden dann endlich zu einem wirklich schmerzenden Kostenfaktor werden, den eine kluge betriebswirtschaftliche Kalkulation so gering wie möglich zu halten versuchen wird.

Ein weiterer unschätzbarer Effekt würde mittels Umweltbilanz und Umweltsteuern dadurch ausgelöst, daß die gegenwärtige Innovationsblockade in der Umwelttechnologie endlich aufgebrochen würde. In der industriellen Alltagswirklichkeit sind es ja gerade die Techniker und Ingenieure der Großverursacher, die als erste und zumeist lange vor externen Wissenschaftlern oder gar der Umweltverwaltung technische Verbesserungsmöglichkeiten bei umweltrelevanten Anlagen und Verfahren entdecken. Sie halten diese jedoch oftmals zurück, weil ihr Unternehmen oder gar die ganze Branche wenig bis gar keine Lust dazu verspüren, eben erst getätigte Investitionen bereits wieder verbessern zu müssen, weil sie entweder nach dem Gesetz dazu verpflichtet sind (Stand der Technik) oder von den Behörden nach deren Kenntnisnahme eine nachträgliche Auflage aufgebrummt bekommen. Ein ökologisches Steuer- und Abgabensystem wird hier jedoch eine gegenteilige Wirkung zeitigen, denn es bietet einen hohen materiellen Anreiz für die Unternehmen, sich in Sachen Umwelttechnologie beständig innovativ zu verhalten.

Es gibt nun eine Kritik an Umweltsteuern, die in der Hauptsache eine politische Erhöhung der Energiepreise als »unsozial« ablehnt, weil damit die indirekten Steuern erhöht und somit vor allem sozial Schwache belastet würden. Diese Meinung findet man hauptsächlich unter rechten Sozialdemokraten und Gewerkschaftern. Hans Apel, der frühere finanzpolitische Sprecher der SPD Bundestagsfraktion, hat diese Kritik exemplarisch formuliert: » Offen bleibt die Frage, ob den 17 Millionen Rentnern, Sozialhilfeempfängern, Arbeitslosen und Studenten, die keine Lohnsteuer zahlen, aber von den Energiesteuern belastet werden, ein Ausgleich gegeben werden soll. Gerade wenn für diesen Personenkreis eine Lösung gefunden wird, muß gefragt werden, warum dieser riesige Umverteilungsmechanismus überhaupt in Gang gesetzt werden soll. Wenn ›die kleinen Leute‹ keine Einkommensverluste erleiden, werden sie wie bisher heizen und auf das Autofahren nicht verzichten. Wie soll es dann noch zu den großen Erfolgen beim Energiesparen kommen? Die Besserverdienenden können sich sowieso kräftig erhöhte Heizungs- und PKW-Kosten leisten. ... Es ist falsch, dem Steuerrecht Regelungsfunktionen zuzuweisen, das es nicht leisten kann. Umweltschädliches Verhalten muß in erster Linie durch Verbote und Gebote erzwungen werden.«[1]

Die Autoren der Öko-Steuern-Studie des UPI Heidelberg setzen sich in ihrer Replik auf ihre Kritiker auch mit diesem Argument ausführlich auseinander: »Im UPI-Modell wurde deshalb zur Erreichung des Ziels 3 ›Keine Benachteiligung einzelner Gruppen, insbesondere sozial schwacher‹ sowohl die Zusammensetzung der vorgeschlagenen Öko-Steuern und Steuersätze als auch die Entlastung so gewählt, daß sich bei durchschnittlichem Verhalten Öko-Steuern und Steuer-Entlastung in allen sozialen Schichten ungefähr die Waage halten. Gerade die vorgeschlagene Verringerung der Mehrwertsteuer bringt sozial schwachen Gruppen eine relativ stärkere Entlastung als Haushalten mit höheren Einkommen.«[2]

Apel betreibt in seiner Argumentation eine typisch fiskalische Verkürzung, wenn er etwa steigende Treibstoffpreise linear und gleichermaßen auf Automobile und öffentliche Verkehrssysteme überträgt (die von ihm angeführten 17 Millionen sozial Schwachen benutzen hauptsächlich öffentliche Verkehrssysteme). Eine ökologische Wirtschaftspolitik wird jedoch sowohl eine wesentlich höhere Mineralölsteuer als auch eine erhebliche finanzielle Förderung und

---

1 Hans Apel – *Falscher Weg zum Ziel;* aus: WIRTSCHAFTSWOCHE, S. 35 vom 18. 11. 1989.
2 Siehe UPI-Bericht Nr. 13, a.a.O. S. 10.

steuerliche Entlastung attraktiver öffentlicher Verkehrsangebote durchsetzen (wie es ja bereits heute in der Schweiz mit der Bahn geschieht!), um so den Umstieg vom Auto auf ein ökologisch sinnvolleres öffentliches Verkehrssystem zu forcieren. Umgekehrt wird das Autofahren natürlich zu einem erheblich teureren Vergnügen werden. Ebenso macht eine Erhöhung der Mineralölsteuer für Heizöl wenig Sinn, wenn nicht gleichzeitig die ökologisch sinnvollere Alternative preislich attraktiv und öffentlich gefördert angeboten und eingeführt wird, also dezentrale Kraft-Wärme-Koppelung und damit Fernwärme. Einhergehend mit einem solchen Angebot ist eine Erhöhung der Preise für andere fossile Energieträger zum Zweck der Raumheizung allerdings mehr als sinnvoll und alles andere als unsozial.

Dennoch sollte man sich selbst und die Menschen bei dem Entwurf einer Politik des ökologischen Umbaus nicht betrügen. *Wesentliche Aufgaben der Zukunftssicherung werden enorme zusätzliche Kosten verursachen, die woanders eingespart werden müssen und also dort fehlen werden. D. h. aber in den allermeisten Fällen, daß man jemandem etwas wegnehmen muß. Dazu werden umweltbelastende Produktionen und Produkte gehören, aber selbstverständlich auch umweltbelastender Konsum und Verbrauch.* »Die Umorientierung der Wirtschaft auf das Ziel der Naturverträglichkeit hin hat seinen ökonomischen und einkommenspolitischen Preis. Naturverträglichkeit von Produktion und Konsum und die Einkommens- und Komfortvorteile der heutigen naturdegradierenden Produktions- und Konsumweise sind nicht gleichzeitig zu haben«,[1] warnt Christian Leipert völlig zu recht. »Das Wachstum der Realeinkommen wäre gewiß geringer gewesen, wenn von vornherein Umweltgesichtspunkte berücksichtigt worden wären. Wirtschaft und Gesellschaft haben eine Anleihe bei der Umwelt genommen, ohne sofort mit der Rückzahlung zu beginnen. Dies hat zur Konsequenz,

---

1 Christian Leipert, a.a.O. S. 32/33.

daß heute und in näherer Zukunft höhere Anteile des Realeinkommens für Umweltzwecke abgezweigt werden müssen, weil neben den neuen Lasten auch noch die Alt-Lasten, die in den vergangenen Jahrzehnten aufgetürmt worden sind, abgebaut werden müssen.«[1]

Umwelt- und damit Zukunftsvorsorge ist nicht nur eine abstrakte Systemaufgabe, sondern wird von jedem und jeder Einzelnen ebenfalls mit zu erbringen sein. Gegenwärtig leisten wir uns gesellschaftlich und individuell eine nachgerade abenteuerliche Kurzsichtigkeit: »Wenn – wie geschehen – die deutsche Bevölkerung ihren Aufwand für die nachwachsende Generation drastisch vermindert, sollte sie wenigstens klug genug sein, das so ›Ersparte‹ in alternativen Formen der Altersvorsorge anzulegen. Konkret: Die derzeit Aktiven ›sparen‹ allein in diesem Jahr etwa vierzig Milliarden Mark, weil sie nicht die Zahl von Kindern großziehen, die eigentlich zur Bestandserhaltung der Bevölkerung erforderlich wäre. Insgesamt dürften sie aufgrund der kleinen Kinderzahl bis Mitte der neunziger Jahre einen Aufwand von knapp tausend Milliarden Mark unterlassen. Wären Mittel in dieser Größenordnung in hochproduktive Arbeitsplätze, gründliche Stadterneuerungen, zukunftsorientierte Verkehrssysteme, umfassende Maßnahmen der Umweltsanierung oder auch in rentable Auslandsanlagen zusätzlich investiert worden, würde die Rentenproblematik ab Ende der neunziger Jahre viel von ihrer Schärfe verlieren. Diese besonderen Investitionsanstrengungen unterbleiben jedoch, weil viele der heute Aktiven lieber jetzt konsumieren als für ihr Alter vorzusorgen.«[2] Dieser Diagnose von Meinhard Miegel, eines konservativen, der CDU nahestehenden Sozialwissenschaftlers, läßt sich schwerlich widersprechen. Genau dieselbe lemminghafte Fixierung auf kurzfristigen Konsum und Gewinn wider alle Einsicht und besseres Wissen macht einen wesentlichen Teil des Elends der gegenwärtigen Umweltpolitik und der Krise der Umwelt

---

1 Christian Leipert, a.a.O. S. 31.
2 Meinhard Miegel – Vom Kopf auf die Füße, die Rentenversicherung ist im Rahmen des alten Systems nicht zu retten; aus: DIE ZEIT, S. 30, vom 13. 11. 1987.

aus, der es mit einer aktiven, ökologischen Umbaupolitik zu begegnen gilt.

Das Thema Umweltsteuern abschließend läßt sich feststellen, daß in der Tat eine grundsätzliche Reform unseres Steuersystems ansteht, das in seiner gegenwärtigen Verfaßtheit in die völlig falsche wirtschafts- und finanzpolitische Richtung steuert. Es hält nicht Kurs gegen die Umweltkrise, sondern sein Kurs ist so angelegt, daß die westdeutsche Volkswirtschaft weiter mit geblähten Segeln in die selbstgemachten ökologischen Krisen und Katastrophen hineinrauscht. Die alten Wachstumsvorgaben unserer Volkswirtschaft sind schlicht und einfach gefährlich oder bestenfalls widersinnig geworden. Es bedarf neuer, umweltverträglicher Wachstumsvorgaben, und da der Markt dies nicht oder nur äußerst eingeschränkt zu leisten vermag, muß die Politik handeln.

Die kollektive Daseinsvorsorge, eine der Hauptaufgaben der modernen Staaten, ist heute eben nicht mehr nur primär eine sicherheits-, wirtschafts- und sozialpolitische, sondern sie ist wesentlich auch zu einer umweltpolitischen geworden. Wenn dem aber so ist und wenn der Markt angesichts der Umweltkrise weitgehend versagt, so ist es unverantwortlich, eine Finanzpolitik des schwachen Staates zu propagieren und steuerreformerisch durchzusetzen. Wer glaubt, angesichts dramatisch zunehmender staatlicher Aufgaben der kollektiven Daseinsvorsorge die öffentlichen Haushalte zugunsten des privaten Konsums und privater Anlagen finanziell »entlasten« zu können, der betreibt eine Politik, die mit Blindheit, Dummheit oder Verantwortungslosigkeit oder mit allen Dreien geschlagen ist.[1] *Eine Politik des ökologischen Umbaus ist auf die Mobilisierung enormer Summen angewiesen, braucht also eine florierende Wirtschaft und einen finanzstarken Staat, damit beide in den ökologischen Umbau investieren können. Eine ökologische Steuerre-*

---

[1] «Die derzeitige Diskussion um die sogenannte Steuerreform enthält nicht einen nennenswerten ökologischen Gedanken,« stellt Udo Ernst Simonis lapidar und zurecht fest. Zumindest gilt dies bis auf den heutigen Tag für die Regierungskoalition und die Bundesregierung in Bonn. U.E. Simonis, a.a.O. S. 57.

form wird also nicht auf eine Senkung der Staatsquote zielen ,
wohl aber auf eine erhebliche Veränderung innerhalb der Staats-
ausgaben zugunsten der Investitionen, der Umweltinvestitionen.
Und eine ökologische Steuerreform wird auch keine zugunsten des
privaten Konsums sein können, wohl aber wird sie erheblich zur
Steigerung der Qualität des Lebens der Menschen beitragen.

In diesem Zusammenhang sei auch das Lieblingsthema neokonservativer Wirtschaftsliberaler nicht ausgespart, nämlich der Abbau
staatlicher Subventionen. Der neokonservative Zeitgeist wettert zwar
gewaltig gegen öffentliche Subventionen in Sonntagsreden, werktags
aber schreit derselbe Geist nach eben diesen und nimmt mit, was ab-
fällt. Diese wirtschaftsliberale Doppelmoral verhindert eine wirklich
politische Bewertung der öffentlichen Subventionshaushalte. So
sind etwa die Rüstungshaushalte der Staaten reine und zugleich irre
Subventionstatbestände, aber als solche werden sie nicht diskutiert.
Ebenso der Landwirtschaftsetat und der Forschungsetat. Weder sind
staatliche Subventionen jedoch per se schlecht, noch zeugt der Abbau staatlicher Subventionen als solcher bereits von ökonomischer
Güte.

Ein Gutteil staatlicher Wirtschafts-, Industrie- und Strukturpolitik
wird gegenwärtig über offene oder versteckte staatliche Subventionen abgewickelt, und das wird auch so bleiben. Dies hat einen
schlichten Grund: Die Steuerungsfähigkeit des Marktes ist nur eine
begrenzte und seine Rationalität ebenfalls. Was sich heute oder morgen nicht rechnet, muß, den Gesetzen des Marktes folgend, unterbleiben, und damit fallen langfristige oder sozial oder politisch ge-
wollte Interessen durch das grobe Raster der Gewinnkalkulation.
Staatliche Subventionspolitik bestimmt sich daher ausschließlich
aus ihrem politischen Zweck. Nur dieser ist zu diskutieren und zu
kritisieren, nicht aber das Instrument Subvention als solches. Eine
ökologische Umbaupolitik steht nun vor einer solch gewaltigen Fi-
nanzierungsaufgabe, daß sie auch im staatlichen Subventionsbereich
die notwendigen Mittel freimachen muß, sei es durch Veränderung
der politischen Zweckbestimmung, wie in der Landwirtschaftspoli-

tik, sei es durch Wegfall von Subventionen für umweltbelastende oder gar umweltschädigende Produktionen und Produkte. Ganz entgegen dem ökonomischen Zeitgeist bleibt allerdings eindeutig festzuhalten, daß eine ökologische Wirtschaftspolitik das Instrument staatlicher Subventionspolitik (vor allem durch steuerliche Begünstigungen, aber auch durch direkte Umstellungshilfen und staatliche Forschungsmittel) nutzen muß und nutzen wird. Sie wird dabei allerdings weder die ökonomische Rentabilität und Produktivität noch die sozialpolitischen Imperative um den Preis ihrer demokratischen Mehrheitsfähigkeit außer acht lassen dürfen.

Deregulierung ist also gegenwärtig so ziemlich das Letzte, was eine ökologische Wirtschaftspolitik sich zum Ziel zu setzen hat. Andererseits jedoch wäre es ebenso irrwitzig, aus der Vergangenheit staatsinterventionistischer Politik nicht zu lernen. Bürokratischer Riesenwuchs, Ineffizienz, Laufbahnmentalität und Dienstrecht, mangelnde Produktivität der eingesetzten Mittel u.v.m. waren und sind ja reale Erfahrungen mit staatlicher Bürokratie und Subventionspolitik und nicht nur der Propaganda der Unternehmerverbände entsprungen. Eine ökologische Wirtschaftspolitik wird also, neben einer modernen, effizienten Umweltverwaltung, die als Kontroll- und gesetzlicher Vollzugsfaktor unverzichtbar ist, tunlichst nicht auf eine Ausdehnung des Staatssektors setzen, wird nicht Funktionen des Marktes und der Wirtschaft in staatliches Handeln übernehmen wollen, wird also nicht anstreben, *statt Markt und Wirtschaft zu handeln,* sondern vielmehr versuchen *Markt und Wirtschaft zum ökologischen Handeln zu bringen.* Ein finanziell schwacher Staat wird diesen ökonomischen Zwang zum ökologischen Strukturwandel nicht durchsetzen können. Sollte einstmals in hellgrüner Zukunft die DAIMLER BENZ AG ihren unternehmerischen Ehrgeiz darin realisieren, daß sie den größten europäischen Konzern für Umwelttechnologie statt für Rüstung und Raumfahrt zusammenschustert, dann könnte man in der Tat auch als Ökologe beginnen, über Deregulierung nachzudenken, vorher jedoch kaum.

Fassen wir zusammen: Die bisherige Umweltpolitik als bloße Reparaturpolitik muß angesichts der weiterrollenden Dampfwalze eines umweltschädigenden und zerstörenden Industrialismus als gescheitert bezeichnet werden. Angesichts der minimalen Möglichkeiten, die die gegenwärtige Umweltpolitik zum Handeln bietet, kann und wird es, relativ unabhängig von der Interessenlage und dem jeweiligen Parteibuch der Regierenden, im wesentlichen immer nur zu denselben miesen Ergebnissen kommen. Vieles ließe sich zwar besser, kaum aber irgend etwas wirklich qualitativ anders machen, solange sich die prosperierende Industriegesellschaft Bundesrepublik Deutschland überwiegend zu Lasten der Umwelt austobt. Der herrschenden penetranten Umweltlüge, die auf der täglich immer wieder neu und öffentlich herzustellenden Illusion vom politischen Handeln durch die Verantwortlichen gründet, wird einem tiefgreifenden Umbau unseres Industriesystems zu weichen haben, und bloße Reparaturpolitik wird von einer vorsorgenden Umweltpolitik abgelöst werden müssen.

Einen Supergau kann man eben nicht als eine normale Verwaltungsaufgabe definieren und seine administrative Verhinderung ebenso wenig. Ganz zu schweigen von dem Treibhauseffekt, dem CO_2-Problem, dem Ozonloch, einer ausbeuterischen, ungerechten und zugleich verschwenderischen Energieverteilung weltweit, dem Elend unserer Meere und Flüsse, dem Waldsterben in der nördlichen Hemisphäre, dem Kahlschlag der tropischen Regenwälder am Äquator und dem stummen Verschwinden zahlloser Arten, welche die menschliche Industriezivilisation unwiederbringlich vernichtet hat. Diese Umweltkrise, alltäglich vor Ort erfahrbar und auch weltweit in ihrem ursächlichen Zusammenhang, ist die unverhohlene Infragestellung der generellen Funktionsweise unseres naturzerstörenden Industriesystems. Die globale destruktive Besinnungslosigkeit der Gattung Mensch gegenüber ihren natürlichen Lebensgrundlagen ist neben der Frage der thermonuklearen Selbstvernichtung die größte und zugleich schwierigste Herausforderung, vor der die Politik der nächsten Jahrzehnte stehen wird.

Es ist eine Herausforderung, die das Herz unserer Industriekultur trifft: Sie meint unser Verkehrssystem und die Automobilindustrie, die Landwirtschaft und die Chemieindustrie, unser Energiesystem und unsere moderne Stadtkultur. Eine ökologische Umbaupolitik muß diese industriellen modernen Megastrukturen umzupolen versuchen, muß das destruktive Schwergewicht der industriellen Naturaneignung in ein konstruktives Schwergewicht zu transformieren versuchen. Dabei gilt die alte linke Gleichung nicht mehr, die da sagte, daß wir heute kämpfen und morgen, nach dem Sieg, bauen wir uns etwas neues, und bis dahin vertagen wir die Diskussion darüber. *Die Krise des Industriesystems zwingt uns zur positiven Alternative noch im Alten.* Denn jenseits der industriellen Naturaneignung gibt es nichts Denkbares mehr, das einem politisch noch die Handlungsfähigkeit erhalten könnte. Allein das Personal zu wechseln, macht unter ökologischen Gesichtspunkten wenig Sinn, siehe 1917 und die Folgen.

Die alten Ideologien des Klassenkampfes sind erstarrt und ohne Zukunft, die ideologischen Lager in Auflösung begriffen. Angesichts der fortschreitenden Krise der Umwelt kann eine ökologische Politik sich nicht auf eine lange und vermutlich sinnlose Suche nach einem neuen ideologischen Reich »Phantasia« machen, aus dessen luftiger Grundlosigkeit heraus sich die gesamte Welt dann wieder kritisieren und erklären ließe. Die Dialektik der industriellen Moderne hat durch ihre zügellose Naturaneignung, durch ihre Globalisierung und durch ihre nie dagewesene Akkumulation von technisch-wissenschaftlich begründeter Macht und Reichtum einen geschichtlichen Punkt überschritten, jenseits dessen die Gewißheiten vor allem negativ definiert sind. Eine Politik, die sich dieser Erkenntnis stellt und sich nicht regressiv oder utopisch vor ihr flüchtend davonmacht, ist durch das herrschende Zivilisationsprinzip der industriellen Selbstdestruktion zu einem radikalen Pragmatismus, zu ausschließlich praktischer Ergebnisorientierung verdammt. Die Herausforderung und Aufgabe der Umwandlung des Industriesystems in eine ökologische Gesellschaft ist gewaltig, und deshalb wird eine Politik des ökologischen Umbaus überall dort das Bündnis mit den ökonomischen und gesellschaftlichen Interessen suchen müssen, quer zu den alten Fronten des Klassenkampfes, wo diese Interessen mit ihrem ganzen Schwergewicht zugunsten der Umwelterhaltung zu wirken vermögen. Wo industrielle und gesellschaftliche Interessen gegen die Umwelt stehen, bleibt nach wie vor die harte Auseinandersetzung der politische Grundsatz.

Eine Politik des ökologischen Umbaus findet innerhalb des marktwirtschaftlichen Systems statt. Ihr erstes und hauptsächliches Ziel muß es sein, sowohl die wirtschaftlichen Rahmenbedingungen umweltgerecht zu verändern, als auch die zahllosen wirtschaftlichen Einzelentscheidungen der Unternehmen in Richtung Umwelterhaltung mit ordnungs-, finanz-, wirtschafts- und industriepolitischen Mitteln zu lenken. Dies kann die Wirtschaft nicht aus sich selbst heraus, sondern es ist eine originäre Aufgabe der Politik. Ob Marx oder Adam Smith, Keynes oder Milton Friedman dabei Recht bekommen werden, ist, mit Verlaub gesagt, völlig schnuppe. Es gilt, was funktioniert, was den ökologischen Umbau auf demokratischer Grundlage voranbringt. Über die jeweiligen ideologischen Begründungen streiten wir uns dann hinterher in Ökotopia weit jenseits der Jahrtausendwende.

VOM STANDORT BUNDESREPUBLIK ZUM FLUCHTPUNKT EUROPA

Ich weiß, man sitzt mit der hier formulierten Politik eines ökologischen Umbaus zwischen sehr vielen politischen Stühlen und schwelgt in so manchen herkömmlichen ideologischen Fettnäpfen. Die Traditionslinke wird ihren musealen Antikapitalismus bedroht sehen, und angesichts solcher »ökokapitalistischer« oder »ökomarktwirtschaftlicher« Häresien werden die lebenden Denkmäler des Karl Marx Bart- und Haarausfall bekommen, zumindest jedoch intensive Schmerzen in den ideologischen Haarwurzeln. Aber auch unsere wackeren Marktwirtschaftler und Heroen der freien Marktwirtschaft in den Unternehmerverbänden, den Kammern, auf zahlreichen Vorstandsetagen (nicht allen!) und in den intellektuellen Kellergewölben einiger Wirtschaftsredaktionen werden voller Entsetzen sein. Das Ende unseres Wohlstandes, das Ende der freien Wirtschaft in der Bundesrepublik, allerhöchste Gefahr für den Wirtschaftsstandort Bundesrepublik und ähnliche Tatarenmeldungen wird es hageln. Ökosozialistische Zwangswirtschaft und staatlicher Regulierungswahn, so wird es ertönen, aber all diese Unterstellungen zielen an der entscheidenden politischen Zukunftsfrage vorbei. *Angesichts der Umweltkrise zählt allein die Leistung eines Wirtschaftssystems und einer wirtschaftspolitischen Maßnahme, und ein wesentlicher Teil dieser Leistung ist die Umwelterhaltung. Schafft es der Markt, gut; wenn nicht, so muß es eben anders gehen.* »Die gigantischen Kosten einer nach- und vorsorgenden Umweltpolitik, die jetzt insbesondere durch die Wirtschaft beklagt werden, sind auch die Folge eines jahrzehntelangen ökologieindifferenten Wirtschaftens. Diese jahrelange Fehlentwicklung hat den jetzt in der Tat starken administrativen Regulierungsbedarf ausgelöst. Die ökologischen Schädigungen durch die Art des bisherigen Produzierens kommen jetzt in Form von Kostenerhöhungen, Produktionseinschränkungen und Gesetzesregulierungen auf die Wirtschaft – einem Bumerangeffekt vergleichbar – zurück. Die Notwendigkeit ökonomischer Umstrukturierung ist die Folge unökologischen Wirtschaftens in den vergangenen Jahrzehnten.«[1]

Und es wird noch schlimmer kommen. Spätestens im Jahrzehnt nach der Jahrtausendwende, vermutlich aber bereits davor, wird eine erbitterte Konkurrenz um die Standortvorteile des hier beschriebenen ökologischen Umbaus ausbrechen. Anders gesagt, die fortschreitenden kleinen und großen ökologischen Krisen und Katastrophen werden in immer schnellerer Abfolge eintreten und damit zu einem die Volkswirtschaften gefährdenden und enorme Kosten und Standortnachteile verursachenden Faktor werden. Nicht umsonst findet der Wettbewerb um die fortgeschrittenste Umweltpolitik unter den reichsten Industrienationen dieser Erde statt und bedauerlicherweise nicht unter den ärmeren Ländern. Gerade aber ein so kleines, dicht besiedeltes und hochindustrialisiertes Land wie die Bundesrepublik Deutschland wird bitter dafür zu bezahlen haben, wenn es nicht rechtzeitig mit einem ökologischen Strukturwandel von Wirtschaft und Gesellschaft beginnt. Dann nämlich werden die Standortprobleme wirklich kommen.

Ohne eine Umweltwende in der Chemiepolitik wird die westdeutsche Chemieindustrie zur Stahlindustrie nach der Jahrtausendwende werden. Der Großchemie wird es dann, ebenso wie der Stahlindustrie heute, relativ egal sein, an welchen Standorten sie produziert, den Arbeitnehmern und ihren Angehörigen allerdings nicht. Die Arbeitsplätze werden weg und die Umwelt wird zerstört sein in der Bundesrepublik Deutschland und die notwendigen ökologischen Investitionen werden dann nurmehr schwer bis gar nicht aufzubringen und um ein Vielfaches beträchtlicher sein als sie es heute wären, wenn man jetzt eine vorausschauende und die Umwelt erhaltende Umbaupolitik betreiben würde.

---

1 Rudolf Hickel, a.a.O., S. 44.

Gewiß ist die internationale Standortkonkurrenz zwischen den verschiedenen Volkswirtschaften, ja ein industrieller Standortkolonialismus zwischen Nord und Süd ein drängendes Problem einer jeden wirksamen Umweltpolitik. Schon jetzt besteht die Gefahr, daß jede erfolgreiche ökologische Verbesserung in einem Land mit dem Standortwechsel seitens des betroffenen Unternehmens in ein anderes, meistens ärmeres Land beantwortet wird. Und mit jeder neuen Katastrophe und Umweltkrise in den hochindustrialisierten Ländern wird diese Gefahr eines Ökokolonialismus zunehmen. Bereits heute kann man dessen fatale Auswirkungen etwa in Brasilien, Mexiko oder Indien konkret studieren. Zur ökonomisch begründeten Ausbeutung und Unterentwicklung kommt in der Dritten Welt zunehmend noch eine zweite, verheerendere Unterentwicklung hinzu, nämlich die ökologische Ausplünderung und Zerstörung der natürlichen Ressourcen dieser Länder. Deren Folgen werden in vielen Fällen irreversibel sein. Wenn man diese Standortkonkurrenz eines entfesselten Raubindustrialismus und seine ökokolonialistischen Konsequenzen nicht will, so wird man auch in dieser Frage endlich politisch handeln müssen.

Was hindert die Bundesregierung eigentlich daran, sämtlichen westdeutschen Multis, die überwiegend auch im Ausland operieren, eine Konvention zur globalen Gültigkeit der höchsten Umweltstandards in allen Betrieben eines Unternehmens abzuringen? Was hindert uns, die Bürgerinnen und Bürger der Bundesrepublik Deutschland daran, was die Kirchen, Gewerkschaften und Verbände, einen mächtigen demokratischen und moralischen Druck auf westdeutsche Unternehmen zu entfalten, so daß diese Unternehmen den jeweils in einem ihrer Zweigbetriebe anerkannten höchsten Umweltstandard für alle ihre Betriebe, weltweit und unabhängig von niedrigeren nationalen Standards, freiwillig realisieren und einhalten? Nichts. Und ich bin der festen Überzeugung, man könnte mit einer solchen Konvention das Problem lösen. Ebenso hindert niemand die Bundesregierung daran, international initiativ zu werden. Wenn alle OECD-Länder einer solchen »Konvention zur Erhaltung der Umwelt in der Weltwirtschaft« beiträten, wäre das Problem eines Ökokolonialismus und einer Standortkonkurrenz zu Lasten der Umwelt zu einem wesentlichen Teil erledigt, denn in der OECD versammelt sich das entscheidende Wirtschaftspotential dieser Erde. Wie bereits so oft gesagt, man müßte nur handeln, aber genau dies wird nicht einmal versucht.

Bleibt Europa, in der Umweltpolitik besser »Fluchtpunkt Europa« genannt: Die EG in Brüssel, der Ministerrat mit seinen Nachtsitzungen, die bitteren Minimalkompromisse, die Legende vom umweltpolitischen Musterknaben Bundesrepublik, die Schreckensmär von den bösen Briten, Franzosen und Italienern, die permanente umweltpolitische Ausrede also für Bonn und zudem reichlich Anlaß für einen ökologischen Nationaldünkel der Westdeutschen. Dazu besteht allerdings wenig bis überhaupt kein Anlaß, so man nicht die *alldeutsche Ökopropaganda* wider Brüssel, sondern vielmehr die Fakten zum Maßstab der Beurteilung macht.

Das Land Bundesrepublik Deutschland hat sie ja ohne jeden Zweifel ökologisch in sich, die Musterknabenrolle: Die größte Autoindustrie, die größte Chemieindustrie (weltweit), die meisten Autos, Autobahnen und Straßen, die größte Siedlungsdichte und in der Regel den größten Schadstoffausstoß innerhalb der EG. »Die Deutschen sind zwar führend im Umweltrecht, wie der Leiter des Instituts für Europäische Umweltpolitik, Professor Ernst Ulrich von Weizsäcker, feststellte, doch sie produzieren auch nach wie vor die höchsten Schmutzfrachten in der Gemeinschaft«, meint ein Leitartikel aus dem Wirtschaftsteil der FAZ,[1] dem mangelnde »Objektivität« gegenüber der »deutschen Wirtschaft« gewiß nicht unterstellt werden kann. Daß in der Bundesrepublik die Umweltbewegung und die Kontroverse um die umweltzerstörenden Folgen der Industriegesellschaft etwas früher

---

1 Jürgen Jeske – *Unsere Umwelt in Europa;* aus: Wirtschaftsteil der FRANKFURTER ALLGEMEINEN ZEITUNG vom 13. 4. 1989.

begonnen hat als in manchen anderen EG Ländern, liegt schlicht und einfach an den oben summierten Fakten.[1]

Untersuchen wir einmal die Leistungsbilanz des Musterknabens im internationalen Vergleich. Bereits 1978 wurden FCKW als Aerosole in den USA gesetzlich verboten, während in der Bundesrepublik der freiwillige Teilverzicht im Jahre 1989, elf Jahre danach, in ganzseitigen Anzeigen des betreffenden Industrieverbands im Chor mit dem Bundesumweltminister als Erfolg gefeiert wird. Die Bundesrepublik ist aber in diesen elf Jahren nicht gerade durch besondere Verbotsinitiativen für FCKW innerhalb der EG aufgefallen, wohl aber dadurch, daß allein die HOECHST AG 1986 weltweit ca. 80 000 Tonnen dieser FCKW unter dem Namen »Frigen«[2] produziert und verkauft hat, und das waren immerhin 10 Prozent des weltweiten FCKW-Problems! Was Wunder auch bei der Dominanz der westdeutschen Großchemie. »Der Export gefährlicher Chemikalien in Länder der Dritten Welt beispielsweise ist in Dänemark jetzt schon verboten. Im Juni lag dem Ministerrat ein Entwurf vor. Darin war nur festgelegt, daß die Empfängerstaaten über die Art der Stoffe und ihre möglichen Gefahren informiert werden und einem Import zustimmen müssen. Für diesen *prior informed consent* hatte die Kommission eine Befristung vorgeschlagen; das Parlament hatte diese Befristung abgelehnt. Die Minister, weniger der EG als ihren nationalen Wählern verpflichtet, verschoben die Angelegenheit auf den Sankt-Nimmerleins-Tag, unter Vorsitz Klaus Töpfers.«[3]

Bei der Internationalen Nordseeschutz-Konferenz im Herbst des

---

[1] »In seinem Buch ›*Unterwegs*‹ (›*Chemin faisant*‹) führt Jaques Lacarrière ein Tagebuch über seine Fußwanderung von Straßburg nach Biarritz. Und er berichtet, auf dem Weg durch die Departements Creuse und Corrèze sei er manchmal einen Tag lang gegangen, ohne nur einer Menschenseele zu begegnen. In der Bundesrepublik wäre das undenkbar! Hier fühlt sich der Franzose, auf dem Bürgersteig in der Stadt ebenso wie auf dem Markt, im Kino oder auf den Straßen, von der Masse bedrängt.« Michel Tournier – *Unheimlich und hinreißend*. Über das komische und über das tragische Deutschland; aus: FRANKFURTER ALLGEMEINE ZEITUNG vom 29. 3. 1989.
[2] FRANKFURTER RUNDSCHAU vom 8.2.1989
[3] Dossier: Umweltschutz in der Sackgasse; aus: DIE ZEIT, S.9ff, vom 30.12.1988. Siehe auch: Laurens Brinkhorst – *Die Mär vom bösen Brüssel;* aus: DIE ZEIT vom 5. 5. 1989.

Jahres 1987 in London, die übrigens ausging wie weiland das berühmte Hornberger Schießen, denn als einzige Sofortmaßnahme wurde lediglich vereinbart, daß fortan in der Nordsee kein Schiffsmüll mehr über Bord gekippt werden darf, gerierte sich die Bundesrepublik als Saubermann gegen die angeblich jeden Fortschritt hemmenden Briten. Aber auch hier stößt man bei näherem Hinsehen auf andere Fakten: »Die Bundesrepublikaner haben dennoch keinen Grund, sich als Saubermänner zu fühlen. Sie mußten sich auch jetzt wieder in London von den in ökologischen Fragen viel sensibleren Skandinaviern vorhalten lassen, weniger als möglich zu tun. Daß zum Beispiel die Müllverbrennung auf See bis 1995 weitergehen darf, liegt nicht an den Briten. Denn sie verbrennen ihren chemischen Müll nicht. Vor allem die Bundesrepublik tut dies. Die Deutschen kippen Abfall zwar kaum direkt in die Nordsee, wohl aber (wie bekannt) in die Flüsse. Jeder Abwasserbescheid zeigt dem Kundigen, was hier immer noch legal möglich ist.«[1]

Die Zahlen der westdeutschen Schadstoff- und Giftfrachten im Rhein finden sich bereits weiter oben, ebenso der bundesrepublikanische Nordseebeitrag. Es krepierten zwar die Seehunde und Fische, aber der angebliche Öko-Musterknabe Bundesrepublik verzichtete weder auf die Dünnsäureverklappung (allein aus wirtschaftlichen Gründen wurde sie aufrechterhalten) noch auf die Giftmüllverbrennung in der Nordsee. Beim Müll- und Giftmüllexport und seiner laschen Genehmigung und Überwachung ferkelt die Bundesrepublik an der europäischen Spitze, ebenso beim Atommüll, den man merkwürdigerweise in der Öffentlichkeit einfach nicht zur europäischen Umweltpolitik dazurechnet. Die Klagen der Holländer über die Segnungen der westdeutschen Chemieindustrie in ihrem Trinkwasser, das sie zu großen Teilen kraft geographischer Lage aus dem Rhein gewinnen, sind Legion. Bei der Umsetzung der UVP-Richtlinie der EG vom Juni 1985, die bereits im Juli 1988 hätte erledigt sein sollen, läßt sich Bonn furchtbar viel Zeit. Das fast doppelt so große Agrarland Frankreich ver-

---

1 SÜDDEUTSCHE ZEITUNG vom 27. 11. 1987.

braucht 2,2 Mio. t Stickstoffdünger im Jahr, die Bundesrepublik immerhin 1,6 Mio. t. Und auch bei den EG-Anteilen für den Treibhauseffekt liegen Zahlen vor: Nur Belgien liegt mit 3,0 t CO_2 pro Kopf und Jahr vor der Bundesrepublik mit 2,9 t, Großbritannien mit 2,5 t und Frankreich mit 2,0 t CO_2.[1] Zudem ist die Bundesrepublik das einzige Land ohne generelle Geschwindigkeitsbeschränkung auf Autobahnen und belastet die europäische Umwelt mit wunderbaren Stickoxidfrachten. Summiert man also nur diese wenigen Fakten, so entpuppt sich der westdeutsche Musterknabe im europäischen Umweltschutz sehr schnell als Schmuddel an der Spitze der europäischen Umweltbelastungen. Angesichts der alles überragenden ökonomischen Position der bundesdeutschen Wirtschaft innerhalb der EG kann diese Tatsache allerdings nicht verwundern. Erstaunlich ist lediglich die autosuggestive Wirksamkeit der amtlichen Propagandaparole vom umweltpolitischen Musterknäblein zwischen Rhein und Elbe.

Die EG dient den jeweiligen nationalen Umweltministern als formidable Ausrede für umweltpolitische Halbherzigkeiten und eigene Tatenlosigkeit. Man hätte ihn erfinden müssen in der Umweltpolitik, diesen Fluchtpunkt Europa mit Sitz in Brüssel, wenn es ihn nicht schon gegeben hätte. Einer Zwickmühle gleich kann man bei virtuoser Betätigung des Ministerrates als nationaler Umweltminister eigentlich kaum verlieren. Wie auch? In Brüssel muß jeweils die mangelnde nationale Akzeptanz dafür herhalten, daß es nur zu minimalen Fortschritten in der EG-Umweltpolitik kommt; und zu Hause, in den nationalen Parlamenten, muß dann die EG die Rolle des Buhmanns übernehmen. Es ist ein schäbiges und durchsichtiges Spiel, das nachhaltig demonstriert, daß eine europäische Umweltpolitik gegenwärtig nur als Geraufe um Grenzwertminima existiert. Das hat Gründe, die in der Geschichte der EG liegen.

Die historische Kraft der europäischen Einigungsbewegung nach 1945 führte zu den Römischen Verträgen von 1957 und in ihrer Folge

---

[1] WIRTSCHAFTSWOCHE Nr. 11, S. 40, vom 10. 3. 1989.

zur Bildung der EUROPÄISCHEN WIRTSCHAFTSGEMEIN-SCHAFT (EWG). Sie sollte einen gemeinsamen Markt entwickeln und darüber hinaus eines fernen Tages auch zur Überwindung der europäischen Nationalstaaterei und ihrer Zusammenführung in den *Vereinigten Staaten von Europa* führen. Heraus kam jedoch lediglich jener Bastard des gemeinsamen Agrarmarktes mit seiner zum System erhobenen Überproduktionsspirale, seinen Milchseen, Butterbergen und Schweinehügeln, seiner zunehmenden Industrialisierung und Konzentration der Landwirtschaft, seinem anhaltenden Bauernsterben und einem jährlich 50 Milliarden DM Agrarsubventionen verschlingenden schwarzen Loch, das, neben all den anderen absurden Folgen eines den Irrsinn zur Methode erhebenden europäischen Agrarsystems, auch irgendwann einmal nicht mehr bezahlbar sein wird. Jenseits des gemeinsamen Agrarmarktes und der Ausdehnung der EG von ursprünglich sechs auf zwölf westeuropäische Länder hatte sich die europäische Einigungsbewegung bis zum Beginn der achtziger Jahre festgefahren. Sie stagnierte, verkam zur sonntäglichen Rhetorik von Politikern und hinterließ eine wuchernde Bürokratie in Brüssel. Das Werk der europäischen Einigung und die Europaidee waren damit zur alleinigen Angelegenheit der Kabinette und Bürokratien verkommen.

Der weitere Fortschritt hin zum realisierten Binnenmarkt ab 1992 war allein das Ergebnis einer grundsätzlichen Gewichtsverlagerung auf dem Weltmarkt und der sich daraus ergebenden wirtschaftlichen Bedrohung der Binnen- und Exportmärkte der westeuropäischen Staaten. Das Auftauchen der Wirtschaftsmacht Japan und im Anschluß daran anderer ostasiatischer Staaten, wie Taiwan, Südkorea, Singapur und Hong Kong auf dem Weltmarkt und den europäischen Binnenmärkten, die damit einhergehenden dramatischen Strukturveränderungen bei traditionell starken europäischen Wirtschaftssektoren wie Stahl, Schiffsbau, Automobilindustrie, Elektroindustrie und Unterhaltungselektronik, die weltweite Durchsetzung der informationstechnologischen Revolution mit ihrem Schwergewicht in den USA und Japan, die Konkurrenz der großen Stückzahlen aus Fernost, die Realisierung eines Weltfinanzmarktes, ermöglicht durch neue Kommunikationstechnologien angeheizt durch eine abenteuerliche Verschuldungspolitik der USA in der Ära Reagan und durch riesige, international frei floatierende Dollarguthaben, die eine nationale Wirtschaftspolitik und Investitionsplanung zunehmend zur Farce machten, all diese und auch noch einige andere Faktoren stellten die westeuropäischen Regierungen und Unternehmer – und nur sie – vor die Frage: Wie soll es mit Europa weitergehen? Ohne einen weiteren Schritt hin zu einem gemeinsamen europäischen Binnenmarkt – das war allen Beteiligten in Staatsbürokratie und Wirtschaft sehr schnell klar – würde man den neuen aufsteigenden Wirtschaftsriesen aus Fernost zuhause und auf dem Weltmarkt nichts oder nur weniges entgegenzusetzen haben. Aus diesen Gründen unterzeichneten schließlich die zwölf Mitglieder der EG im Februar 1987 die »Einheitliche Europäische Akte,« die am 1. Juli 1987 in Kraft trat. Sie hat die Herstellung eines realisierten EG-Binnenmarktes zum 1. Januar 1993 zum Ziel.

Dieser sich gegenwärtig vollziehende zweite Schritt der wirtschaftlichen Integration der zwölf EG Staaten hat mit einer demokratisch getragenen und inspirierten Einigung allerdings nichts zu tun. Er ist im Gegenteil das alleinige Ergebnis der um ihre wirtschaftliche und technologische Konkurrenzfähigkeit fürchtenden europäischen Staaten und multinationalen Konzerne, das alleinige Produkt von Politikern, Bürokraten und Unternehmern. Die Dinge gestalten sich entsprechend. 1992 steht unter den Vorzeichen verbesserter internationaler Konkurrenzfähigkeit der beteiligten zwölf Volkswirtschaften. Es droht ein EG-interner Wettbewerb im Unterbieten bei Sozialleistungen und Sozialgesetzgebung, bei Umweltstandards, bei Arbeits- und Arbeitsplatzsicherheit, bei Infrastruktur und Bildungssystem und beim Ausheben der demokratischen Kontrolle politischer und volkswirtschaftlich bedeutsamer Entscheidungen.

Innerhalb von zehn Jahren sollen, so *Jacques Delors,* der Präsident der EG-Kommission, achtzig Prozent aller wirtschafts-, sozial- und umweltpolitischen Entscheidungen in Brüssel getroffen werden. Schon heute unterliegen die Entscheidungen der EG nahezu ausschließlich der Kontrolle des Ministerrates, d. h. allein der Regierungen der zwölf Mitgliedsstaaten. Von Demokratie kann somit keine Rede sein, sondern es handelt sich bei der politischen und bürokratischen Praxis und der rechtlichen Verfassung der EG um eine moderne Wiedergeburt der klassischen europäischen Kabinettspolitik im Stile Ludwigs XIV. und seines Absolutismus. Zweihundert Jahre nach der Französischen Revolution gebärdet sich EG-Europa als das moderne Ancien Regimé der Brüsseler Eurokratie, jenseits der revolutionären Errungenschaften der Demokratie und des demokratischen Verfassungsstaates. Kabinette und Bürokraten entscheiden im EG-Europa, kaum aber die Parlamente und schon gar nicht die Völker. Und jene jammervolle Institution namens Europaparlament in Straßburg dürfte tatsächlich noch weitaus weniger in den politischen Angelegenheiten zu sagen haben, als die französischen Generalstände und Parlamente – damals noch die obersten Gerichtshöfe – zur Zeit des sich bildenden Absolutismus. Das europäische Parlament ist gegenwärtig nicht mehr als eine vage Hoffnung auf die Zukunft, ansonsten aber lediglich der institutionalisierte Hohn auf eine parlamentarische Demokratie.

Für Ökologen ergibt sich Europa als politischer Handlungsauftrag aus der Selbstverständlichkeit der die Staatsgrenzen überschreitenden Ursachen und Folgen der Umweltkrisen und Umweltkatastrophen: Nordseesterben im Norden der EG, eine in sommerlicher Bruthitze stinkende, ökologisch umkippende Adria im Süden des Kontinents und dazwischen die erodierenden, touristisch ruinierten und waldkranken Alpen – das war die deprimierende Momentaufnahme des Sommers 1988, gewissermaßen der europäische Katastropheninternationalismus der Umweltpolitik. Vieles läßt sich noch hinzufügen: Atomrisiken, Atomschiebereien, grenzüberschreitende Giftmüll- und Hausmüllexporte, das Schicksal der großen europäischen Flüsse, der grauenhafte Zustand der europäischen Binnen- und Randmeere, die grenzunabhängigen Schadstoff- und Radioaktivitätsfrachten der Luft, die internationalen Chemierisiken à la Sandoz, die Belastungen durch eine industrialisierte Landwirtschaft, dies ist das Europa einer bedrohten oder gar bereits zerstörten Umwelt. *Aus ökologischen Gründen bedarf es daher eher heute als morgen eines vereinten Europas,* allerdings eines Europas der Umwelterhaltung, der sozialen Gerechtigkeit und Demokratie und nicht des Europas eines ausschließlich gewinnorientierten Wirtschaftsabsolutismus à la EG.

Die Geschichte der Umweltpolitik in der Bundesrepublik ist vor allem auch eine Geschichte des Kampfes der Umweltbewegung gegen einen zerstörerischen Industrialismus, ist die Geschichte einer demokratischen Bewegung von unten, die sich gegen Umweltzerstörung und für ökologische Alternativen selbst organisiert hat. Auf europäischer Ebene gibt es nichts dergleichen, leider. Und daher fehlt für eine europäische Umweltpolitik jenseits der Katastrophen und des minimalistischen nationalen Interessenegoismus die entscheidende Produktivkraft einer demokratischen Protestbewegung. Europa als demokratische Handlungsebene existiert eben noch nicht, aber vielleicht wird sich dies aus den Widersprüchen des sich nach 1992 mehr und mehr durchsetzenden eurokratischen Wirtschaftsabsolutismus ergeben.

Solange eine demokratische europäische Handlungsebene, eine demokratisch legitimierte europäische Innenpolitik also, nicht existiert, ist in der Umweltpolitik nicht nationaler Egoismus gefordert, sondern eine »best level and highest standard« Politik, die vor nationalen Alleingängen nicht zurückschreckt, sondern sie im Gegenteil als Entwicklungsmotor einer europäischen Umweltpolitik bewußt einkalkuliert. Wenn das Umweltferkel Bundesrepublik ökologischer Musterknabe werden will, so nichts wie voran in Bonn! Aber dann betreibe man auch und vor allem eine Politik der Umwelterhaltung gegen die eigenen nationalen Großverursacher, und das heißt zum Beispiel: nationale Alleingänge nicht nur beim Katalysator verspätet für noch später anzukündigen, sondern hier und jetzt ebenfalls beim Chemieexport ernst zu machen!

Auch in der Europapolitik gelten die bereits sattsam beschriebenen unterschiedlichen Gewichte zwischen Ökonomie und Ökologie. Bei der Steuerharmonisierung hauen sich die Zwölf wie die Kesselflicker. Sobald es ums Geld geht, wagt kein Bundesfinanzminister mit windelweichen Brüsseler Kompromissen à la Umweltminister in Bonn zu erscheinen, sondern da wird es eher nichts mit der Steuerharmonisierung, als daß die Bundesregierung in den Überlebensfragen der deutschen Wirtschaft nachgibt. Wenn es um die Knete geht, um Steuern, Währung, Geldwertstabilität, Exportmärkte, Wirtschaftspolitik, europäische Zentralbank und all die anderen pekuniären Dinge, dann hört die europäische Kompromißbereitschaft aller Beteiligten und der Deutschen im besonderen immer sehr schnell auf.

Daraus folgt aber eine eigentlich recht schlichte Konsequenz: Wenn es in Europa mit der Umweltpolitik vorangehen soll, und zwar so, daß der drohenden Zerstörung europäischer Ökosysteme gemeinsam Einhalt geboten werden kann, dann wird der Stellenwert der Umweltpolitik in Brüssel dem der Finanz-, Wirtschafts- und Währungsfragen gleichgestellt werden müssen. Und das heißt im Klartext, daß die führende Wirtschaftsmacht und zugleich die führende umweltschädigende Großverursacherin Bundesrepublik zuerst und vor allem bei sich selbst mit einer Politik des ökologischen Umbaus beginnen muß. Nur so wird sie sich eine ökologische Vorbildfunktion erarbeiten können. Dadurch würde die Belastung wichtiger europäischer Ökosysteme erheblich reduziert, und die Vorbildfunktion in der Umweltpolitik könnte innerhalb der EG zu einer Lokomotivfunktion werden. Dort allerdings, wo die EG diese Politik des ökologischen Umbaus bremst oder gar behindert, ist eine unnachgiebige Politik des nationalen Alleingangs und des sachlich begründeten Konflikts unerläßlich. Anders gesagt: Wir wären heute in der Frage der Abgasreinigung von KFZ in Europa wesentlich weiter, wenn der damalige Bundesinnenminister Friedrich Zimmermann in der Katalysatorfrage in den Iden des März 1985 nicht eingeknickt wäre, sondern die Bundesrepublik stattdessen mit dem gesetzlichen Zwang zum geregelten Drei-Wege-Katalysator einen nationalen Alleingang gewagt hätte. Das ökonomische Schwergewicht Westdeutschlands hätte mit Sicherheit die wichtigsten EG-Länder zum Nachziehen veranlaßt.

Angesichts dieser für Ökologen ambivalenten Herausforderung

des gemeinsamen Marktes der EG sich allein an die altbewährten und keineswegs vertrauenerweckenden europäischen Machtstrukturen zu halten und die alte Nationalstaaterei hochleben zu lassen, führt allerdings in die Irre und in die Hilflosigkeit. »Der Binnenmarkt aber, wenn er kommt, bedeutet die letzte Entfesselung einer wild gewordenen Ökonomie, die keinen Nutzen mehr bringen, sondern den Zusammenbruch des ökologischen Systems beschleunigen wird. In den nächsten Jahren fällt die Entscheidung, ob die Bewahrung der Lebensgrundlagen gelingt, es fällt damit auch die Entscheidung über das Weiterleben des Menschen auf diesem Planeten«,[1] so Herbert Gruhl. Von wegen »letzte Entfesselung« und letztes Gefecht in den nächsten Jahren! Da kann ich mir aber noch einiges mehr vorstellen. Nein, die wichtigsten Volkswirtschaften produzieren und verkaufen bereits heute transnational, produzieren für den Weltmarkt, und sie schaffen damit transnationale Probleme, die mit den Mitteln nationaler Politik kaum noch aufzufangen geschweige denn zu steuern sind. Nebenbei bemerkt ist die Bundesrepublik noch vor den USA und Japan der absolute Exportweltmeister der Weltwirtschaft. Angesichts dieser heute bereits bestehenden ökonomischen Tatsachen und der transnationalen Umweltkrisen den kleineuropäischen Nationalstaat vor der EG retten und rechtfertigen zu wollen, ist politisch und intellektuell schwer nachvollziehbar. Daß, wie von Gruhl angeführt, die innereuropäischen Grenzen für die Umwelt- und Lebensmittelkontrolle von Bedeutung seien, erweist sich angesichts des heute bereits überbordenden Atom-, Giftmüll-, Chemie- und weiß der Teufel was noch für Tourismus mehr (inklusive Drogenhandel) als schlicht lächerlich. Der deutsche Zoll als Schutzwall vor Rauschgift, Atom- und Giftgasexporten? Wenn an der Aufrechterhaltung der kleineuropäischen Grenzen die Rettung vor der ökologischen Apokalypse hängen sollte, dann allerdings sind wir bereits verloren. In solchen Fällen ist es aber allemal besser, man stellt sich der Gefahr und

---

1 Herbert Gruhl – *Wild gewordene Ökonomie;* aus: DER SPIEGEL Nr. 13, S. 113, vom 27. 3. 1989.

läuft nicht vor ihr davon, auch intellektuell nicht, denn beim Weglaufen geht oft alles verloren.

Wir brauchen eine europäische Umweltpolitik, auch und gerade wir hier in der Bundesrepublik, in der Mitte Europas gelegen. Aber diese europäische Umweltpolitik wird man durchkämpfen müssen gegenüber dem EG-üblichen Geschachere um Grenzwertminimalia. Eine europäische Umweltpolitik wird auf nationale Alleingänge und härteste ökologische Konfliktbereitschaft setzen müssen, ohne zum Sachwalter borniert nationaler Egoismen werden zu dürfen. Gerade für Ökologen sind die durch Menschen gesetzten Verwaltungs- und Staatsgrenzen eher kontraproduktiv, und dies gilt nicht erst seit Tschernobyl. Der Glaube, die Bundesrepublik könne ihre wesentlichen Umweltprobleme alleine lösen, ohne abgestimmte Entwicklung mit ihren Nachbarn, ist angesichts der Geographie schlichtweg absurd. Dies gilt allerdings nicht nur für die EG, sondern für Europa insgesamt. Ernstgenommen heißt das aber, daß man sich nicht in sein nationales Schneckenhaus zurückziehen darf, sondern daß die Bundesrepublik als die dominante Volkswirtschaft in Europa vorangehen und ihr ganzes Gewicht in die Waagschale einer umwelterhaltenden europäischen Politik werfen muß.

Selbst wenn die ökologischen Probleme nach 1992 vermutlich erst einmal erheblich zunehmen werden, so ist Europa auch eine Chance für eine umbauende Umweltpolitik. Die Entwicklung der Umweltbewegung und des Umweltbewußtseins in Italien, in den Niederlanden, in Dänemark und Norwegen, neuerdings mit Macht aufbrechend in Frankreich, wie man an den jüngsten sensationellen Wahlergebnissen von »Les Verts« sehen kann, und in Spanien nach und nach beginnend, zudem die starke Umweltbewegung in Schweden, der Schweiz, Österreich und mehr und mehr auch Umweltprotest und Umweltinitiativen in Osteuropa und der westlichen Sowjetunion zeigen unzweifelhaft einen lang ersehnten Fortschritt in der europäischen Umweltpolitik von unten. Diese Entwicklung ist die notwendige Grundlage, der Motor, für eine vorsorgende gesamteuropäische Umweltpolitik auf staatlicher Ebene. Der gemeinsame

Markt wird nach 1992 diese Europäisierung sicher mit Macht verstärken. Die Umweltpolitik wird sich darauf vorzubereiten haben, oder sie wird von der ökonomischen Dampfwalze niedergemacht werden. Die unmittelbar vor uns liegende europäische Zukunft nach 1992 ist ein weiterer, politisch zwingender Grund, sich einer falschen ökologischen Bescheidenheit zu entledigen und heute mit einer Politik des ökologischen Umbaus im nationalen Rahmen zu beginnen.

DAS ÖKOLOGISCHE HANDLUNGSDEFIZIT

Die größten und beeindruckendsten Erfolge in der Umweltpolitik der letzten zehn Jahre liegen ohne jeden Zweifel in der Bewußtseinsveränderung breiter Bevölkerungsschichten. So ist etwa der Fanclub der Atomenergie nach Tschernobyl, Hanau und Biblis hierzulande auf eine kleine, radikale (wenn auch sehr mächtige) Minderheit zusammengeschmolzen, die große Mehrheit der Bevölkerung aber will raus aus der Atomenergie, besser heute als morgen. Zahlreiche Umfragen zeigen, daß große Mehrheiten bereit wären, zugunsten konkreter Maßnahmen zur Umwelterhaltung sowohl persönliche Einschränkungen als auch materielle Opfer in Kauf zu nehmen. Keine politische Partei kann heute mehr vor der Krise der Umwelt programmatisch davonlaufen (sehr wohl aber noch praktisch!), und auch unter den Managern der Industrie zeichnet sich der Beginn eines grundsätzlichen Bewußtseinswandels ab, auch wenn Anspruch und Realität gerade noch hier besonders weit auseinanderklaffen.[1]

Die demokratische Mobilisierung gegenüber umweltbelastenden Großprojekten und zugunsten konkreter Umwelterhaltung versteht sich an zahllosen Orten der Republik nahezu von selbst, getragen oftmals von Bürger- und Allparteienkoalitionen. Das Wissen und die Detailkenntnis zahlreicher Bürgerinnen und Bürger über sie betreffende Technologien und Projektplanungen ist beeindruckend, die Organisierung kritischer und alternativer Wissenschaft ein nicht mehr zu übersehender öffentlicher, juristischer und machtpolitischer Faktor, die juristische Kompetenz vor den Verwaltungsgerichten

---

1 Die WIRTSCHAFTSWOCHE faßte unter der Überschrift »Wunsch und Realität« eine empirische Untersuchung über den Einstellungswandel zur Umwelt unter Managern wie folgt zusammen: »An Lippenbekenntnissen von Managern zum Thema Umweltschutz ist kein Mangel, wie die Umfrage des Ifo-Instituts im Auftrag der *Wirtschaftswoche* zeigt. Der Anreiz, mehr als das Gebotene zu tun, ist aber nicht besonders groß.« WIRTSCHAFTSWOCHE Nr. 17, S. 60ff, vom 21.4.1989.

und in den Genehmigungsverfahren ebenso. Nicht zuletzt übernehmen zahlreiche Bürgerinitiativen wichtige Aufgaben einer demokratischen Umweltkontrolle gegenüber Großverursachern, indem sie sich und eine kritische Öffentlichkeit beständig über die Vorgänge z.B. in einem großen Chemiewerk informieren. Die Medien sind gegenüber Umweltthemen sehr sensibel geworden. Dazu kommt die breite Informationstätigkeit der Umweltverbände und Organisationen und ihre aktive Mobilisierungsarbeit zugunsten der Umwelt. Kurz gesagt, von der demokratischen Basis, von der Zustimmung, der Akzeptanz und dem Engagement der Bevölkerung her betrachtet, wäre wesentlich mehr an konkreter Umweltpolitik möglich, als wir gegenwärtig in Staat und Wirtschaft erleben. Die demokratischen Voraussetzungen einer ökologischen Umbaupolitik sind gegeben, ja sie sind wesentlich weiter entwickelt als das institutionelle umweltpolitische Handeln.

Einen weiteren Faktor gilt es zu bedenken. Vor zehn Jahren war die Umweltbewegung in der Bundesrepublik noch von einem verständlichen anti-modernistischen Affekt geprägt. Großprojekte, Atomenergie, Großchemie und ein allgegenwärtiger Flächenfraß durch Flughafen-, Straßen- und Autobahnbau bestimmten das Bewußtsein. Und daraus entstand die Haltung einer emotionalen Abwehrhaltung gegenüber Industrie und Technokratie, entsprang die Leidenschaft für »Small is beautiful«, für die »Politik der kleinen Einheiten«, für die sogenannte »Betroffenenpolitik«.

Heute weiß man, daß das nicht falsch war, aber daß es in der Umweltpolitik schon lange nicht mehr ausreicht. Heute setzt sich die Erkenntnis durch, daß die Industriegesellschaft unwiderruflich unser Schicksal ist, im guten wie im schlechten Sinne. Daß es kein Zurück, ja daß es nicht einmal wirklich dauerhafte Nischen in dieser Industriegesellschaft nach Tschernobyl und Sandoz geben kann. Die Industriegesellschaft als solche muß ökologisiert werden, und das ist in einem Land wie der Bundesrepublik Deutschland mit seinen 60 Millionen Einwohnern wohl nicht allein mit »Betroffenenpolitik« und »kleinen Einheiten« zu machen, sondern es ist vielmehr ein gigantisches Großprojekt, politisch, finanziell und kulturell. Zudem hat es Umweltpolitik mit technischen Großsystemen zu tun, ob sie will oder nicht, denn das unfreiwillige Erbe des Raubindustrialismus und die von ihm ausgehenden Gefahren zwingen uns dazu. Allein die angehäuften Altlasten in den Gewässern und im Grundwasser, in der Luft und im Boden, die Millionen von Tonnen an Schadstoffen und Giften, die abertausende gefährlicher Anlagen, aber auch die Lebensbedürfnisse von sechzig Millionen Menschen in diesem kleinen Land machen administrative und ökotechnokratische Lösungen unerläßlich. Genau davon ist die gegenwärtige Umweltpolitik aber weit entfernt. Die Durchsetzung ökologischer Strukturen in Wirtschaft, Gesellschaft und Staat hinkt weit hinter dem ökologischen Bewußtsein und der demokratischen Mobilisierung und dem Engagement der Bevölkerung hinterher. Es gibt also vor allem ein ökologisches Technokratiedefizit, ein bürokratisches und technokratisches Handlungsdefizit in der Umweltpolitik zu konstatieren, das eine Politik des Umbaus dringend wird schließen müssen.

Nun sei hier gleich einem möglichen Mißverständnis aus den vorangegangenen Kapiteln vorgebeugt. Eine Politik des ökologischen Umbaus der Industriegesellschaft zielt vorrangig auf die Durchsetzung einer ökologischen Volkswirtschaft, um so Umwelterhaltung, Wohlstand und soziale Gerechtigkeit gleichrangig nebeneinander garantieren zu können. Ökologische Wirtschafts- und Finanzpolitik hat, und darauf wurde weiter oben bereits hingewiesen, jedoch auch die Aufgabe, die Umweltpolitik aus den Fesseln einer bürokratischen Hilflosigkeit und gesetzlichen Vorschriftenstarre zu befreien, da in diesen Abhängigkeiten die dramatischen Vollzugsdefizite zu Lasten der Umwelterhaltung vorprogrammiert sind. Dies darf jedoch nicht zu dem falschen Umkehrschluß verführen, zu einem Deregulierungsmißverständnis gewissermaßen, daß damit eine staatliche Ordnungspolitik zugunsten der Umwelt bis hin zum harten Polizeirecht fortan überflüssig oder zumindest nachrangig wäre. Das genaue Gegenteil gilt. Eine ökologische Wirtschaftspolitik wird auf den festen Fundamenten einer durchdachten, sich anhand neuer

Probleme und Erfahrungen beständig erneuernden und schlagkräftigen Umweltgesetzgebung gründen müssen. Gesetze und Verordnungen regeln gleiche Marktchancen und werden damit zu einem unverzichtbaren Bestandteil einer ökologischen Wirtschaftspolitik. Sie sind allemal freiwilligen Vereinbarungen vorzuziehen, denn freiwillige Vereinbarungen mögen der geeignete Rahmen für zusätzliche, über das gesetzlich Notwendige hinaus zu erbringende Leistungen sein, niemals aber deren Ersatz.

Es ist eine Binsenweisheit, daß selbst die schönste Umweltpolitik mit den besten Gesetzen nichts nützen wird, so sie nicht in die gesellschaftliche Wirklichkeit umgesetzt wird. Angesichts der umweltpolitischen Realitäten ist die Bundesrepublik aber selbst von diesem erleuchteten Minimalzustand der ökologischen Binsenweisheiten noch Äonen entfernt. Es mag nun viele Leserinnen und Leser merkwürdig anmuten, daß sie sich mit den Fährnissen staatlicher Bürokratie auseinandersetzen sollen, aber in einer umfassend von Großtechnologien abhängigen und beherrschten Risikogesellschaft hängt ein Gutteil der kollektiven Daseinsvorsorge exakt vom Funktionieren dieser staatlichen Vollzugs- und Kontrollbürokratien ab. Die Mehrzahl der Menschen nimmt dieses Faktum jedoch in ihrem Alltag kaum wahr, sondern wird sich dessen meistens erst dann bewußt, wenn ein schlimmer Unfall oder gar eine Umweltkatastrophe sie aus ihrer Verdrängung hochgeschreckt haben. Danach erhebt sich regelmäßig der öffentliche Schrei nach staatlicher Handlungsfähigkeit, aber er ertönt dann meistens viel zu spät – siehe Tschernobyl, siehe Sandoz, siehe Nordseesterben.

Umweltpolitik hat es mit technisch-wissenschaftlichen Großsystemen und ihrer wirtschaftlichen Anwendung und deren kalkulierten und unkalkulierten Folgen zu tun, und denen kann sie schwerlich mit den Mitteln einer wilhelminischen Bürokratie gerecht werden. Bis heute gab es in der Bundesrepublik allerdings keinen planvoll durchdachten Aufbau der Umweltverwaltungen von Gemeinden, Bund und Ländern, sondern nach wie vor regiert überwiegend ein zufälliges Reaktionsprinzip auf Umweltkatastrophen und neu auftauchende akute Gefährdungen für Mensch und Umwelt. Altehrwürdige Institutionen, wie die Gewerbeaufsicht etwa, die mittlerweile von der Einhaltung des Jugendschutzgesetzes in Kneipen bis zur Überwachung der Großchemie nach dem Bundes-Immissionsschutzgesetz zuständig ist, sind in umweltvorsorgende Aufgaben hineingewachsen, denen sie, durch mangelnde Ausstattung und falsche Organisation bedingt, niemals oder nur äußerst unzureichend gerecht werden können.[1] In den Wasserwirtschaftsämtern löst man sich nur langsam von der alten Mentalität der Kanalbauer und Flußregulierer, und in den Abfallabteilungen üben sich Juristen in politisch-chemischer Alchimie und Chemiker im Verwaltungsverfahrensrecht. Beide sind in ihrer Verzweiflung ob der Beseitigungsnotstände mittlerweile gemeinsam auf der Suche nach dem Stein der Weisen, auf daß dieser die unedlen Müllgebirge der Republik am besten in Nichts verwandele. Hinzu kommt eine abenteuerliche Kompetenzzersplitterung. Immer wieder steht man vor Umweltdesastern, verursacht von kriminellen Schmuddelunternehmern. Obwohl sie jahrelang von allen nur greifbaren Umweltbehörden vor Ort getrennt voneinander überwacht wurden, ist auf Grund mangelnder Koordination und bürokratischer Nachlässigkeit der Behörden niemals ein Gesamtschadensbild ermittelt und also jahrelang nicht eingegriffen worden, bis schließlich die Gefährdung viel zu spät offensichtlich wurde und dann auch amtlicherseits nicht mehr zu übersehen war.

Zugespitzt könnte man sagen, daß von einer funktionstüchtigen Umweltverwaltung das Überleben in einer großtechnisch organisierten Risikogesellschaft wesentlich mit abhängt. Eine solche Erkenntnis und eine solche Aufgabenstellung paßt nicht zu einem verzopf-

---

[1] Die Beamten der staatlichen Gewerbeaufsicht, deren oft mühseliger und frustrierender Einsatz mit unzureichenden Mitteln bei häufiger Überforderung und erbärmlicher Entlohnung mir wohl vertraut ist, mögen mir verzeihen. Nicht sie kritisiere ich hier, sondern die Tatsache, daß man eine Institution, die im wesentlichen einer anderen Epoche der Industriegeschichte entstammt und dort ganz andere Aufgaben wahrzunehmen hatte, blindwüchsig mit neuen Aufgaben überfordert, die mit Notwendigkeit in chronischen Vollzugsdefiziten im Umweltschutz enden müssen.

ten Berufsbeamtentum auf Lebenszeit, das im Sinne des Fridericus Rex seligen Angedenkens nach den Prinzipien der »Treueplicht« des Beamten und der »Fürsorgepflicht« des »Dienstherrn« organisiert ist und zudem in den allermeisten Fällen schlecht bezahlt wird. Hinter diesem Drama der Umweltverwaltung verbirgt sich ein allgemeines Problem des Strukturwandels und damit einhergehend der Auszehrung des öffentlichen Dienstes, zumindest dort, wo er technisch orientierte Daseinsvorsorge organisieren und betreiben muß. Er kann kraft seiner musealen Beamtenverfassung einfach nicht mehr mit der hochmodern organisierten und meistens bestens bezahlten Bedrohungsleistung der Verursacher konkurrieren. Dieser Konflikt brach zuerst bei den Fluglotsen aus, die als Beamte nach der Besoldungsstufe A 9 bis A 13 (ein Oberstudienrat erhält die Besoldungsgruppe A 14!) um ein Vielfaches schlechter entlohnt werden als der Pilot eines Jumbo Jets, obwohl sie eine diesem vergleichbare Leistung erbringen müssen und eine ähnlich große Verantwortung für die Sicherheit zahlloser Passagiere zu tragen haben. Nicht umsonst geht man bei den Fluglotsen nunmehr vom Berufsbeamtentum weg hin zu einem leistungsorientierten Angestelltenstatus.

Es erstaunt überhaupt, daß unter all den gewaltigen Deregulierungschören neokonservativer Marktwirtschaftler in der Bundesrepublik sich niemand und keiner mit jener Mumie namens Berufsbeamtentum anlegt. Dabei wäre hier in der Tat eine historische, ja fast schon revolutionär (in Deutschland die noch einzig mögliche, echte Revolution!) zu nennende Deregulierungsleistung zu vollbringen, denn an dem altertümlichen Korsett des Berufsbeamtentums wird ein moderner öffentlicher Dienst, und dazu gehört wesentlich eine vorsorgende Umweltverwaltung, in nicht allzuferner Zukunft ersticken. Eine Reform mit dem Ziel der Stärkung und Modernisierung der Umweltverwaltung wird daher eine vorrangige Aufgabe einer Politik des ökologischen Umbaus sein müssen, da ansonsten eine solche Politik nur beschränkt handlungsfähig sein und sich binnen kurzem in der Vollzugsfalle der gegenwärtigen Umweltpolitik wiederfinden wird.

Staatliche Rahmenplanung und Planungsbefugnisse liegen auf Bundes-, Landes- und kommunaler Ebene gegenwärtig hauptsächlich in den traditionellen Bereichen der Staatsverwaltung und sind daher alles andere als an den Zielen einer vorsorgenden Umweltpolitik ausgerichtet. Der Übernahme von umweltrelevanten staatlichen Planungsbefugnissen bzw. vor allem deren Kontrolle mittels eines nicht überstimmbaren Einspruchsrechts seitens der Umweltverwaltung kommt daher große Bedeutung zu. Das Instrument dieses Vetorechts im Verwaltungsvollzug muß die Umweltverträglichkeitsprüfung (UVP) werden. Die UVP in der Form, wie sie die Bundesregierung einzuführen gedenkt, beschränkt sich allerdings wesentlich auf den mittleren und unteren Verwaltungsvollzug und läuft lediglich auf eine weitere Prüfung der Umweltbelange durch die jeweilige Genehmigungsbehörde hinaus, was allein zu einem vermehrten Verwaltungsaufwand und zu mauen Ergebnissen für die Umwelt führen wird. Der UVP-Gedanke wird damit zudem völlig entpolitisiert. Hat zum Beispiel die Bundesbahnpolitik, der Bundesverkehrswegeplan (Bundesfernstraßenbau) und eine Erdgassteuer nicht originär und vor allem auch Gegenstand einer Umweltverträglichkeitsprüfung durch den Bundesumweltminister zu sein? Aber sicher, denn gegenüber den ökologischen Folgen solcher Maßnahmen sind die im unteren Verwaltungsvollzug zu bewertenden einzelnen Projekte relativ bescheiden anzusehen. Eine umweltvorsorgende UVP muß auf allen Verwaltungsebenen Konfliktinstrument im bürokratischen Kampf der verschiedenen Nutzungsinterssen zugunsten der Umwelt sein und nicht das ökologische Feigenblatt für Genehmigungsbehörden zu Lasten der Umwelt.

Der Zustand der Umweltverwaltung spiegelt allerdings nur zu treffend die politischen Verhältnisse und den gegenwärtigen Stellenwert der Umweltpolitik in Bonn wider. Wie so oft, stinkt auch dieser sprichwörtliche Fisch namens Umweltpolitik vom Kopfe her. Ich erspare mir hier eine nähere Schilderung der Zustände der Umweltverwaltung auf der Ebene der Länder, Regierungspräsidien und Kommunen, denn es wäre fast ein Buch für sich, so jammervoll und dramatisch ist dort die Lage. Dabei ist es mehr oder weniger gleichgültig, ob es sich um ein »rotes« oder »schwarzes« Land handelt, denn die Defizite in Organisation, Ausstattung und Personal sind nahezu überall ähnlich. Zurück nach Bonn. Der Bundesumweltminister, wir haben bereits darauf hingewiesen, ist lediglich ein gouvernementaler Fall Out der Atomkatastrophe von Tschernobyl gewesen. Seine Hauptaufgabe war und ist bis auf den heutigen Tag mehr die psychologische Kriegsführung um die Köpfe und gegen die Ängste einer durch Umweltkatastrophen und ökologische Hiobsbotschaften schockierten Wählerschaft, denn eine wirksame Umweltpolitik. Entsprechend ist seine Ausstattung an Mitteln, Organisation und Beamten. Daran hat sich in den letzten drei Jahren bedauerlicherweise nichts geändert.

Was müßte sich nun administrativ ändern in einer Bundesregierung, um eine Politik des ökologischen Umbaus wirksam beginnen zu können? Ein Umweltminister, der keinerlei oder nur sehr eingeschränkte Zuständigkeiten für die Energie-, die Verkehrs-, die Gesundheits-, die Forschungs-, die Land- und Forstwirtschaft besitzt, ja, der nicht einmal über zarte Ansätze wirksamer Einflußmöglichkeiten auf die Gestaltung der Politik dieser für die Umweltpolitik so zentralen Ressorts verfügt, kann selbstverständlich auch keine vorsorgende Umweltpolitik betreiben. Zudem verfügt der Bundesumweltminister gegenwärtig selbst in seinem originären Zuständigkeitsbereich nur über eingeschränkte Kompetenzen, vor allem in dem für die Umweltpolitik so überaus wichtigen Bereich der Genehmigungen nach dem Chemikaliengesetz, dem Pflanzenschutzgesetz und der Gentechnologie. Dort haben der Landwirtschaftsminister und der Gesundheitsminister weitaus mehr das Sagen als der Umweltminister. Gerade bei wichtigen nachgeordneten Bundesbehörden, die für die Überwachung und Genehmigung gefährlicher und umweltrelevanter Stoffe zuständig sind (Chemikalien, Pestizide etc.) herrscht ein munteres Durcheinander: Das *Umweltbundesamt* untersteht dem Umweltministerium, das *Bundesgesundheitsamt* dem Gesundheitsministerium, die *Biologische Bundesanstalt dem*

Landwirtschaftsministerium und die *Bundesanstalt für Arbeits-schutz* dem Arbeitsministerium und in der Fachaufsicht für Zulassungen nach dem Chemikaliengesetz wiederum dem Umweltministerium. Das bisher einzige administrative Feigenblatt des Bundes bei gentechnologischen Anlagen in Forschung und Produktion, die *Zentrale Kommission für Biologische Sicherheit (ZKBS),* ist beim Gesundheitsministerium angesiedelt. Die Verkehrs- und Energiepolitik finden gänzlich ohne den Umweltminister statt, und in der Forschungspolitik darf er gerade mal einige Fußnoten schreiben.[1]

Eine Politik des ökologischen Umbaus wird mit dieser vorliegenden Geschäfts- und Machtverteilung innerhalb der Bundesregierung und der ihr nachgeordneten Behörden nicht zu machen sein. Eine wirksame staatliche Umbaupolitik beruht zuerst und vor allem auf einem völlig neuen Grundansatz der Bundesregierung, auf einer die gesamte Politik betreffenden Neuorientierung. Eine ernstgemeinte, administrativ umzusetzende Umbaupolitik kann niemals allein auf das Umweltressort beschränkt bleiben, sondern bedarf einer gemeinsamen, abgestimmten Politik der einzelnen Ressorts von Wirtschaft, Finanzen, Energie, Verkehr, Forschung, Wohnungsbau und Gesundheit. Eine umbauende Umweltpolitik fängt bei unveränderter Verkehrs- und Energiepolitik besser erst gar nicht an, da sie ansonsten sofort durch die Macht der Fakten konterkariert würde. Dann bliebe die Rolle des Umweltministers lediglich die einer schmutzigen Magd der Industriegesellschaft und des Schamanen für die Ängste des Publikums. Eine neue ökologische Grundorientierung gegenüber dem gesamten Schwergewicht von überkommenen Interessen und Traditionen innerhalb der Staatsbürokratie durchzusetzen, wird

---

[1] »Die Bundesregierung gibt 1988 im Bereich Wissenschaft, Forschung und Entwicklung jede vierte Mark für Wehrforschung und Wehrtechnik aus. Ende des Jahres werden es knapp 2,8 von fast 11 Milliarden Mark und damit 24,5 Prozent sein. . . . Nach Forschungszielen gegliedert, rangiert die Wehrforschung inzwischen bereits auf Rang drei nach der allgemeinen Hochschulforschung (sieben Milliarden Mark) und der Forschung für industrielle Produktivität und Technologie. Die Ausgaben hierfür betragen 3,4 Milliarden Mark. *Für die Wehrforschung wird 16 mal soviel ausgegeben wie für Umwelt, Naturschutz und Reaktorsicherheit: der Umweltminister erhält für Forschung und Entwicklung lediglich 173 Millionen Mark.«* aus: SÜDDEUTSCHE ZEITUNG vom 28. 10. 1988.

allerdings eine viel Zähigkeit und Schlitzohrigkeit erfordernde Aufgabe werden. Es wird im wahrsten Sinne des Wortes die eingerosteten Weichen bürokratischer Gewohnheit mit bloßen Händen zu bewegen gelten.

Darüber hinaus setzt ein ökologischer Umbau die Konfliktfähigkeit und die Gestaltungsmöglichkeit von Umweltpolitik gegenüber den traditionellen Sachwaltern des Industrialismus voraus. Umweltpolitik braucht den gestaltenden administrativen Zugriff auf die wesentlichen umweltbelastenden Bereiche unserer Industriegesellschaft. So gehört ganz sicher die Energiepolitik zur Umweltpolitik, denn an ihr entscheidet sich das Schicksal eines ökologischen Umbaus. Zudem bedarf es selbstverständlich einer Konzentration der zersplitterten klassischen Umweltzuständigkeiten bis hin zur Gentechnologie beim Umweltminister. Darüber hinaus aber muß die Stellung der Umweltpolitik gegenüber den anderen umweltrelevanten Bereichen so stark sein, daß gegen die Belange eines vorsorgenden Umweltschutzes umweltbelastende oder umweltgefährdende Projekte und Maßnahmen innerhalb der Regierung nicht mehr ins Werk gesetzt werden können. Der Umweltminister braucht dazu ein nicht überstimmbares Vetorecht – oft gefordert und nie ereicht –, das dem des Finanzministers bei allen finanzwirksamen Beschlüssen der Bundesregierung gleichgestellt ist.

Eine erheblichen Stärkung des Umweltbundesamtes (UWA) in Berlin steht auf der Tagesordnung einer administrativen Umweltpolitik ganz oben. Das Umweltbundesamt muß zu der entscheidenden fachlichen Planungs-, Steuerungs- und Kontrollbehörde einer vorsorgenden Politik des ökologischen Umbaus in der Bundesrepublik Deutschland ausgebaut werden. Das setzt die Konzentration der nachgeordneten Bundesbehörden aus dem klassischen Umweltbereich beim Umweltbundesamt voraus, damit die Zersplitterung der Fachbehörden auf Bundesgesundheitsamt, Biologische Bundesanstalt, Bundesanstalt für Arbeitsschutz und Umweltbundesamt ein Ende findet. Das Berliner Amt muß die zentrale Umweltüberwachungsbehörde des Bundes mit weitgehenden Informationsrechten und -pflichten gegenüber der Öffentlichkeit werden, der zentrale Garant der Umwelterhaltung in dieser Republik. Das Umweltbundesamt braucht genau deshalb auch eine starke, konfliktfähige Stellung gegenüber der Bundesregierung auf einer regierungsunabhängigen Rechtsgrundlage analog der Bundesbank (diese starke unabhängige Stellung der Bundesbank als Bundesbehörde entspricht dem Vetorecht des Finanzministers auf Kabinettsebene).

Warum werden wir nicht monatlich über die Lage der Umwelt, die wichtigsten Belastungen und Entlastungen, Gefährdungen und Entwarnungen seitens des Umweltbundesamtes unterrichtet? Warum gibt es nicht die monatlichen Umweltdaten? Was macht die Luftbelastung? Was die Belastung des Trinkwassers, des Rheins, der Elbe, der Nordsee? Was die Abfallvermeidung, was die Abfallverwertung, was die Abfallbeseitigung, was die neuesten Zahlen vom Müllexport? Wovor wird gewarnt, wo entwarnt? Mit einer solchen Verpflichtung zur Offenlegung wird zugleich Öffentlichkeit und Bewußtsein über die Lage der Umwelt geschaffen, wird unverzichtbarer politischer Druck entfacht und werden Handlungsnotwendigkeiten bei den jeweils Regierenden geschaffen. Wenn der Präsident des Umweltbundesamtes – wie der Präsident der *Bundesanstalt für Arbeit* – einmal im Monat vor die Fernsehkameras treten und die neuesten Daten des Umweltberichtes verkünden würde, dann wäre dies ein Politikum und ein ökologischer Machtfaktor allererster Ranges. Er darf bei seinem Bericht jedoch nur dem Gesetz und keiner politischen Einflußnahme unterworfen sein, ansonsten kann man sich nämlich die Mühe und Veranstaltung besser schenken.

Politisch administrative Gestaltung setzt allerdings kein Armutsgelübde voraus, wie bei einem Bettelorden oder beim gegenwärtigen Bundesumweltminister, sondern vielmehr entsprechende Haushaltsmittel. Man kann die Rettung der Nordsee doch nicht allen Ernstes allein den Ländern und Kommunen überlassen. So ist es aber gegenwärtig. Der Bund müßte hier dringend mit einem eigenen Programm einsteigen, müßte Lokomotivfunktionen übernehmen und damit nachgeordnete Investitionen freisetzen. Zudem gibt es ein weiteres

Problem: Im reichen Süden der Republik mögen ja die Gebietskörperschaften zusätzliche Reinigungsleistungen ihrer kommunalen Kläranlagen finanzieren können, in den strukturschwachen Regionen und Kommunen geht der Haushaltsspielraum gegen Null und teilweise bereits darunter. Dort sind die Mittel für kommunalen Umweltschutz oft minimal. Schadstoffvermeidungsforschung, Produkt- und Produktionskonversion, Abfallvermeidung und Abfallverwertung in Forschung und flächendeckender Anwendung und die Sanierung der Fließgewässer und hier vor allem der sogenannten »Bundeswasserstraßen«, wie unsere schiffbaren großen Flüsse im Amtsdeutsch heißen. Warum macht der Bund zum Beispiel kein Programm »Trinkwasser Main«, das die wirkliche und völlige Sanierung dieses Flusses von der Quelle bis zur Mündung zum Ziel hat? Zudem Forschungs-, Markteinführungs- und Umstellungshilfen für Energiespartechnologien, Eigenstromerzeugung und regenerative Energien. Wärmedämmungsprogramme, zinsgünstige Darlehen für den Rückkauf der Leitungsnetze von den Stromkonzernen durch die Gebietskörperschaften als Bestandteil von Rekommunalisierungsprogrammen, Umstellung der Kernforschungszentren Karlsruhe und Jülich auf Forschungszentren für erneuerbare Energien, Mittel für massive grenzüberschreitende Sanierungen und Schadstoffvermeidungen im europäischen Ausland und in der Dritten Welt und vieles mehr. Diese unsystematische und keineswegs vollständige Aufzählung notwendiger Umweltinitiativen des Bundes (vom Verkehr und der Landwirtschaft war dabei noch überhaupt nicht die Rede) zeigt zudem, daß es sich bei diesen Projekten im wesentlichen um Investitionen handelt (meistens seit Jahren dringend benötigte Investionen) und um Forschungsmittel. Gerade im Bereich der Umweltforschung gibt es gigantische Defizite. Es finden sich aber kaum Subventionen unter den hier angeführten Beispielen, und in der Tat kann man nur davor warnen, den Umweltetat mit Subventionen übermäßig zu belasten, denn eine solche Politik der lockeren Hand endet über kurz oder lang im Elend der Agrarpolitik und damit in der politischen Handlungsunfähigkeit.

In Bonn werden die umweltpolitischen Weichen grundsätzlich anders gestellt werden müssen. Dort werden die administrativen und technokratischen Handlungsdefizite in der Umweltpolitik zuerst zu schließen sein. In Bonn wird die Weichenstellung für eine ökologische Steuerreform, für eine umwelterhaltende Wirtschaftspolitik, für ein neues Verkehrs- und Energiesystem, für eine risikominimierende Chemiepolitik vorzunehmen sein. Von dort muß das Signal zum Aufbruch, zum ökologischen Umbau der Industriegesellschaft kommen. Es ist merkwürdig, aber gerade wenn man sich mit Managern aus der Wirtschaft oder auch mit Wirtschaftsjournalisten über Umweltpolitik und ihre gegenwärtige Malaise unterhält, so wird von dieser Seite unverhohlen nach festen politischen Vorgaben, nach klarer staatlicher Rahmensetzung gerufen. Fast erstaunt stellt man fest, daß gerade dort, wo man die reinste Ideologie eines Ordo-Liberalismus und eine fast schon inbrünstige Anbetung des Marktes erwarten durfte, die Abwesenheit oder zumindest nicht ausreichende Anwesenheit von staatlicher Rahmensetzung in der Umweltpolitik nachgerade als Unglück empfunden wird. Andererseits aber tut sich die Wirtschaft ungeheuer schwer, freiwillig von ökologisch absurden und umweltzerstörenden Interessen und Gewohnheiten zu lassen. Fast könnte man eine sado-masochistische Triebstruktur hinter dieser offensichtlichen Ambivalenz vermuten, eine gewisse Leidenschaft für das Strenge. Die Umweltpolitik sollte sich diesen Ambivalenzen der Wirtschaft stellen, vorurteilsfrei. Sie sollte den Mut zur therapeutischen Annäherung an die Abgründe der ökonomischen Seele aufbringen und sollte jener »einsamen Masse«(David Riesmann) namens Ökonomie jenseits von Gewinn und Verlust endlich wieder sinnstiftende Leitbilder vermitteln, nach denen sie dürstend zu lechzen scheint. Wenn es sein muß auch mit dem Polizeirecht.

Die Linke hatte schon immer ein problematisches und faktisch hochambivalentes Verhältnis zur Konkretisierung ihrer Alternativen, zur faßbaren Beschreibung der Umsetzung ihrer Kritik an den bestehenden Verhältnissen des Kapitalismus, zu den Preisen und Kosten dieser Veränderung. Die Konkretion der Alternative hätte die Reinheit der Kritik stören, ja diese selbst unwirksam machen können. Und hochambivalent war das linke Verhalten zu einer erfolgreich erkämpften Zukunft auch deshalb, weil man einerseits nahezu ausschließlich auf die Politik und d.h. in der institutionellen Umsetzung auf den Staatsapparat und die bürokratische Administration setzen mußte, um gerechtere Verhältnisse, ja um vielleicht sogar eine neue Gesellschaft zu schaffen. Andererseits aber hat sich die Linke immer gescheut, sich zu den Konsequenzen ihrer völligen Abhängigkeit vom politischen Einsatz der Staatsadministration bei der Schaffung gerechterer Verhältnisse zu bekennen. Sie blendete diese Tatsache meistens aus und verließ sich stattdessen auf die politische Romantik eines Freiheitspathos von der Überwindung der Knechtschaftsverhältnisse. Im entscheidenden Augenblick ihrer Politik, bei der Übernahme der Staatsmacht, verfuhr sie als Verfechterin einer materialistischen Analyse damit aber alles andere als materialistisch, sondern verhielt sich in romantischer Tarnung machtpragmatisch oder gab sich sogar dem Selbstbetrug hin. Die Zeche dieser linken Tradition der Realitätsverweigerung im Denken der konkreten Alternative bezahlen gegenwärtig die realsozialistischen Gesellschaften in teurer Münze.

Selbst in der Kritik der ökologischen Linken der Bundesrepublik findet sich, wenn auch um vieles zaghafter, diese Haltung eines äußersten Realismus in der Kritik der bestehenden Verhältnisse bei gleichzeitiger Realitäts- und Konkretionsverweigerung der ökologischen Alternative, von deren politischen, ökonomischen, ökologischen und sozial-kulturellen Kosten ganz zu schweigen. »Die Tochter, vielleicht der ungewollte, ungeliebte Enkel auch des ökologischen Protestes, ist die *ökologische Technokratie*. Um das Liebste, Bewahrenswerteste zu bewahren, wird preisgegeben, was nicht minder schutzbedürftig ist: das zarte Pflänzchen der Demokratie«, gibt Ulrich Beck zu bedenken. [1] »Naturschutz kann im Untergangstau-

---

1 Ulrich Beck – *Gegengifte. Die organisierte Unverantwortlichkeit*, S. 271/272, Frankfurt/M. 1988.

146

mel die Rechte der zerschundenen Natur fälschlich gegen die Rechte der Menschen ausspielen und so gefährden, was ihm überhaupt zum Durchbruch verholfen hat: die Freiheit der Gegenmeinung und der Gegenaktivität. Schon heute wird den Fleckchen zurückeroberter Natur eine bürokratische Fürsorglichkeit angetragen, die selbst dort erstickend wirkt, wo Gräser und Vögel endlich aufatmen können.«

Beck wählt hier kein sehr treffendes Beispiel für seine Warnung, daß wir uns »auf dem Weg in die autoritäre Technokratie« befänden. Ausgerechnet die Naturschutzbehörde ist eher das hilflose Zerrbild einer Technokratie und Verwaltung, die angesichts einer übermächtigen technisch-ökonomischen Megamaschine auf völlig verlorenem Posten mit gänzlich unzureichenden Mitteln kämpfen muß. Die dabei auftretende verbissene Feldschützenmentalität beim Kampf um das letzte Biotop ist eher ein Ausdruck von Hilflosigkeit und letztem Ankämpfen gegen die Resignation, denn die drohende autoritäre Umwelttechnokratie.

Aber auch beim naturgeschützten Biotop läßt sich das Verhältnis zwischen Demokratie und staatlicher Administration durchaus demonstrieren: Ein Naturschutzgebiet, das nicht geschützt wird, ja das keine sorgfältige und bisweilen sogar aufwendige Pflege erhält, wird bald kein Naturschutzgebiet mehr sein, sondern eine öde Brache. Wenn allein dem demokratischen Anspruch genüge getan würde und jeder da reinlaufen dürfte, hätte es sich mit dem Naturschutz binnen kürzester Zeit. Also greift die Naturschutzbürokratie mit ihren wenigen Mitteln ein.

Wir sind einfach zu viele geworden, wir Menschen, zu viele und zu mächtig, als daß wir auf die kollektive Daseinsvorsorge durch eine technokratische Administration tatsächlich verzichten könnten. Dies zeigt auch das ansonsten nicht gerade sehr treffende Beispiel des Naturschutzes. Gerade der demokratische Imperativ, daß alle dieselben Ansprüche erheben können und erheben sollen, macht ja die Anspruchsanteile der Einzelnen jeweils kleiner und eine bürokratisch garantierte Verteilungsgerechtigkeit unverzichtbar. Aber *Ul-*

rich Beck zielt weniger auf die Naturschutzbehörden, als auf die technokratischen Apparate, die sowohl die technischen Risikopotentiale aufbauen und zum Zwecke der Gewinnakkumulation einsetzen als auch über die Definitionsmacht von Gefahr und Gefährdung verfügen. Die »Herren der Grenzwerte« (wieviel Dioxin, wieviel Radioaktivität von welchem Isotop etc. verträgt der Mensch? Wieviel ist erlaubt, wieviel verboten? Wo wird die Zumutbarkeitsgrenze definiert für Schadstoffe und Gifte? Wo für die zu ertragenden Risiken?) sind vielmehr gemeint und auch die ökotechnokratische Antwort auf deren Herrschaft und Definitionsmonopol (andere Grenzwerte, andere Meßwerte, andere Risikobewertungen, andere Gefahrendefinitionen etc. Die verschiedensten Umwelt- und Ökoinstitute sind die Institutionen dieser ökotechnokratischen Gegenmacht). »Die Macht der Technokratie ist die *Entmündigung der Sinne* und damit die *Entmündigung des Urteils* des Bürgers in der entwickelten Gefahrenzivilisation. Das Ende der Demokratie ist kein Knall, sondern der leise Übergang in eine autoritäre Technokratie, in der der Citoyen vielleicht gar nicht bemerkt, daß die Kernfragen des Überlebens sich längst seiner Mitbestimmung entzogen haben.«[1]

Nicht in seiner Risikoanalyse einer autoritären Technokratie widerspreche ich Ulrich Beck, und auch nicht bei seinen abstrakten Lösungsalternativen: Umkehr der Beweislast für Umweltrisiken, Umkehr der Definitionsmacht, »andere Bremsverhältnisse, andere Kontroll- und Steuerungsverhältnisse, andere Mitbestimmungsverhältnisse«.[2] Nein, mein Widerspruch gilt vielmehr seiner Bewertung des Verhältnisses von Demokratie und Technokratie bei der Bewältigung der ökologischen Krise der Industriegesellschaft. Auch eine ökologische Industriegesellschaft oder ökologische Marktwirtschaft, oder wie immer man dieses Gebilde einmal nennen mag, wird auf technische, wirtschaftliche und soziale Großsysteme nicht verzichten

---

1 Ulrich Beck – *Gegengifte*, a.a.O., S. 269.
2 Ulrich Beck – *Gegengifte*, a.a.O., S.291.

können. Damit ist aber die technokratische Regelung dieser Großsysteme unverzichtbar. Auch und gerade bei akuten Umweltkatastrophen wurde ein massenhaft artikulierter »Technokratiebedarf« der betroffenen Menschen offensichtlich. Als Umweltminister habe ich die Auswirkungen und die Reaktionen von »Technokratie« und »Demokratie« auf Großkatastrophen wie Tschernobyl und Sandoz aus der Innensicht der Administration erlebt. Die technokratische Reaktion war völlig hilflos: Nach Tschernobyl wurde halt gemessen und gewarnt, nach der Brandkatastrophe von Sandoz stellte man die Wasserwerke am Rhein ab und wartete, bis die Giftwelle in die Nordsee davon gerauscht war. Zur unmittelbaren Gefahrenabwehr ließ sich praktisch nicht mehr tun, nachdem die Katastrophen einmal eingetreten waren, da im Falle der radioaktiven Wolke fast die ganze Republik in Mitleidenschaft gezogen war, im Falle der Giftwelle von Sandoz das Ökosystem Rhein von Basel bis zur Mündung. Die Menschen, vorneweg eine kritische Presse, verlangten aber Handlungen zu sehen, administrative Krisenbeherrschung und technokratische Gefahrenabwehr, wo eigentlich allein der öffentliche Offenbarungseid einer hilflosen Administration der Wahrheit entsprochen hätte.

Die eigentliche Auseinandersetzung fand dann tatsächlich an der Frage der politischen Definitionsmacht von Gefahr und Gefährdung gegenüber der Öffentlichkeit statt. Welche Werte wurden gemessen? Welche Werte sind gefährlich? Welche Schutzmaßnahmen sind der Öffentlichkeit zu empfehlen, welche staatlicherseits zu ergreifen? Welche Meßprogramme mit welcher Veröffentlichungsstrategie werden von wem durchgeführt? Und hinter der öffentlich ausgetragenen Schlacht um die Definitionsmacht der Strahlen- und Atomgefahr nach Tschernobyl stand die machtpolitische Auseinandersetzung pro und kontra Atomenergie. Geführt wurde diese Bataille aber von zwei Technokratien, wovon die eine zwar die Macht auf ihrer Seite hatte, die andere aber die Faktizität der Bedrohung. Ausstiegsszenarien und alternative Energieszenarien waren schließlich die ökotechnokratische Antwort auf die Atomkatastrophe von

Tschernobyl, da es machtpolitisch die real gewordene Angst der Bevölkerung vor der Atomenergie in den Mut zur energiepolitischen Alternative fortzuentwickeln galt.

Es ist schade, daß sich Ulrich Beck von jener linken Angst vor der Konkretisierung der Alternative und damit auch vor der Konkretisierung der *Risiken* der Alternative nicht freimacht. Letztendlich, wenn es politisch ernst wird, zieht er es doch lieber vor, die blaue Blume der linken Romantik zu küssen: »Die Frage der Fragen (genau da fängt die Romantik eben an, denn auf die Frage der Fragen anwortet allein der Stein der Steine, nämlich jener des Weisen, der bekanntlich bis heute nicht gefunden wurde; d.A.) lautet: Wie kann aus der Macht des Zwangsfortschritts die Gegenmacht der Befreiung aus ihm hervorgelockt werden... «[1] Die Frage so gestellt wird kaum eine Antwort, die befriedigen kann, finden. Bereits Adorno und Horkheimer beantworteten diese Frage in ihrer »Dialektik der Aufklärung« zur Unzufriedenheit aller Leser nicht ein einziges Mal, obwohl das ganze Buch ausschließlich von dieser Frage handelt. Und es spricht gegenwärtig nichts dafür, daß diese Frage, so gestellt, auch in Zukunft jemals politisch beantwortbar sein wird. Wie wäre es denn, wenn die Linke diese »Frage der Fragen« und damit auch die »Antwort der Antworten« einfach mal vergessen und sich stattdessen eines Überlebenspragmatismus befleißigen würde, der an den strategischen Punkten der Gefahr versucht, mit konkreter Politik umzusteuern? Ob dieser Ansatz angesichts des weltweiten Ausmaßes der industrialistischen Umweltzerstörung und ihrer enormen Macht ausreichen wird, vermag ich beim besten Willen nicht zu beantworten, wohl aber die politische Untauglichkeit der von Beck ökologisch neu formulierten und zugleich uralten linken Sinnfrage nach der »Dialektik der Aufklärung«.

Die administrative Beherrschung der technischen und ökologischen Risiken der Industriegesellschaft als wesentlicher Teil der kol-

---

[1] Ulrich Beck – *Gegengifte*, a.a.O., S. 273.

lektiven Daseinsvorsorge, als wissenschaftlich-administratives öffentliches Ritual des Bannens der Gefahr ist von großer machtpolitischer Bedeutung. Die berühmte »Akzeptanzfrage« hängt an der
Wirksamkeit dieses Rituals, und die Atomindustrie kann seit Tschernobyl ein gar garstig Lied davon singen. Aber auch eine Politik der
Umweltvorsorge, der realen Gefahrenverminderung (und eben nicht
Gefahrenverwaltung) durch Umbau wird sich diesem Machbarkeitszwang ihrer Sachalternativen und damit dem Zwang zu ökotechnokratischem Handeln nicht entziehen können.

Andererseits wäre es fatal, wollte man die Risiken und Gefährdungen, die auch von einer Ökotechnokratie für die Selbstbestimmung der Einzelnen und damit für die demokratische Freiheit ausgehen, unterschlagen und damit widerstandslos hinnehmen. Im
Gegenteil erfordert die Notwendigkeit des Schließens der technokratisch-administrativen Handlungslücke in der Umweltpolitik zugleich die Stärkung des *Gegengewichts,* und das ist *die demokratische Kontrolle und Beherrschbarkeit dieser Technokratie.* In einer
Risikogesellschaft, hierbei ist der Analyse von Ulrich Beck nachdrücklich zuzustimmen, erweist sich die Machbarkeit demokratischer Kontrolle und Entscheidungshoheit gegenüber den Imperativen einer technisch-wissenschaftlichen und ökonomischen Technokratie an der Definitionsmacht von Risiko, Gefahr, Zumutung und
Vorsorge. Der demokratische, der teilnehmende öffentliche Diskurs
über eine Technologie, über ein Großprojekt, über eine Schadstoffbelastung, über eine Steuereform, über ein Energie- oder Verkehrssystem etc. und die Nachvollziehbarkeit und die Durchsichtigkeit
einer dann erfolgenden Entscheidung und ihr Zustandekommen in
einem demokratischen und rechtsstaatlichen Verfahren ist der
zweite Pfeiler, auf dem eine Politik des ökologischen Umbaus der
Industriegesellschaft zu stehen hat. Definitionsmacht heißt Wissen,
und der demokratische Streit um die Definitionsmacht in einer sich
demokratisch organisierenden Risikogesellschaft setzt daher die
Verfügbarkeit des Wissens für alle voraus. Daher kommt der Offenlegung aller umweltrelevanter Daten und Fakten ein wesentliche hö-

here Bedeutung zu als Betriebs- und Verwaltungsgeheimnissen. *»Freedom of Information«, die »Freiheit des Wissens« um die Fakten der Bedrohung, das ist die neue Magna Charta der ökologischen Demokratie.* Sie im Rechtssystem als Individualanspruch auf die Einsicht in die Akten der Verwaltungsbehörden zu verankern, bleibt daher ein wesentlicher Bestandteil einer ernstgemeinten Umbaupolitik, denn dadurch werden sowohl die Produktivkräfte der Demokratie institutionell für die Umwelterhaltung mobilisiert, als auch die Möglichkeit der demokratischen Kontrolle und Mitbestimmung gestärkt.

Ich höre bei diesem Thema bereits das laute Geschrei von der Unregierbarkeit der Republik. Pragmatisch sei darauf geantwortet, daß die USA an dem »Freedom of Information Act« keineswegs zugrunde gegangen sind. Aber darüber hinaus sei noch festgehalten, daß der oft dickschädlige und zähe Widerstand betroffener Bürgerinnen und Bürger zahlreiche Projekte verhindert oder zumindest in ihrer Erstellung verzögert hat, die sich einige Jahre danach als wahre Projektidiotismen herausgestellt haben. Man denke nur an die Atomruinen in Kalkar, Hamm-Uentrop und Wackersdorf, aber auch an die merkwürdig ambivalente Tatsache, daß der Heroismus einer kämpfenden Anti-Atombewegung in den siebziger und achtziger Jahren unter anderem die deutsche Stromwirtschaft vor ruinösen Überkapazitäten bewahrt hat! Diese auch und gerade von Umweltpolitikern immer wieder lauthals beklagte Einschränkung der technokratischen Handlungsfähigkeit ist gegenüber der industrialistischen Dampfwalze vielmehr ein unverzichtbares weil überlebensnotwendiges demokratisches Gegengewicht.

Eine Politik des ökologischen Umbaus der Industriegesellschaft steht vor zwei großen Schwierigkeiten: Erstens dem ungelösten Problem der Moderne schlechthin, der kulturellen und politischen Kontrolle und Beherrschbarkeit ihres eigentlichen Subjekts, nämlich des technisch-wissenschaftlichen Fortschritts, seiner Autonomie und Dynamik. Dieser verfolgt die Machbarkeit der Welt, scheinbar unaufhaltsam und unaufhaltbar. Ich kenne nicht ein einziges Beispiel, wo Wissenschaftler und Forscher freiwillig auf eine Erkenntnis verzichtet hätten, auf ein Projekt, auf eine Technologie, weil sie diese für zu gefährlich und für nicht beherrschbar gehalten hätten. Es ist ein Problem des Wissens als solchem. Was gewußt wird, ist, und bleibt damit in der Welt. Gewiß, vieles ist unterlassen worden, weil es nicht oder nur unzureichend funktionierte, weil es wenig erfolgversprechend war und die nötige Unterstützung fehlte. Aber ein bewußtes Nein und Halt der Wissenschaftsgemeinde gegenüber einem zu gefährlichen Schritt der Machbarkeit hat es bis heute nicht gegeben.

Enträtselt wurde die Energie der Materie in der Atomphysik, enträtselt wurden auch die biochemischen Gesetze der Doppelhelix, auf denen die Evolution des Lebens beruht. Durch Züchtung und Selektion hat der Mensch schon seit langem Tiere und Pflanzen verändert, an den Ergebnissen der Evolution also herumgespielt. Mit den Möglichkeiten, welche die Gentechnologie mit der Lesbarkeit und Manipulation, ja völligen Veränderung und Neuzusammensetzung der Erbinformationen organischer Materie eröffnet, wird die Menscheit aber fortan auch direkt im Baukasten Gottes, in der Evolution selbst herumfummeln. Von der Entwicklung eines gottgleichen Überblicks über die Folgen dieser Fummelei kann man wohl kaum reden. Mir schwant dabei nichts Gutes, wenn ich mir die moralische Größe des Homo sapiens bei der Anwendung der Segnungen der Chemie oder der Atomphysik und den gegenwärtigen Zustand der Welt vor Augen führe. Die Mentalität von Kindern, die zwar fast alles auseinanderbekommen, seltener jedoch auch wieder etwas heil zusammensetzen können, beherrscht nach wie vor die technisch-wissenschaftliche Forschung. Wir gehen mit der Gentechnologie gegenwärtig durch ein Tor, wodurch die Welt vermutlich grundsätzlich verändert werden wird, auch die Umweltpolitik. Und wir tun dies mit der Krämermentalität von Leuten, die begeistert davon sind, sich endlich mit dem Rumbasteln in der Evolution eine Möglichkeit für ein neues Waschmittel erschlossen zu haben, welches das garantiert weißeste Weiß der Weltgeschichte konkurrenzlos herstellen wird. Und die Gentechnolgie kommt auf leisen Sohlen einher, dezentral in vielen Forschungsinstituten betrieben, von Anfang an in den Fängen der Vermarktung durch die Chemieindustrie gefangen. Von einem moralischen Fortschritt der Menschen, den dieses Wissen zu einem verantwortlichen Umgang braucht, keine Spur. Der Tag, an dem die internationale Staatengemeinschaft eine »Konvention zum Schutz der Evolution« verabschieden muß und die wichtigsten Industrie- und Forschungsländer »Evolutionsschutzgesetze« verabschieden werden, ist wohl gar nicht mehr so fern. Andererseits ist die Moderne noch niemals umgekehrt und hat eine Tür des Wissens wieder hinter sich geschlossen und versiegelt. So wird es auch mit der Gentechnologie sein.

Das zweite ungelöste Problem einer Politik des ökologischen Umbaus liegt in der Tatsache, daß sich die Umweltkrise offensichtlich auf einer wesentlich schneller getakteten Zeitachse entwickelt als die menschliche Fähigkeit zur Lösung dieser Krise. Die Zeiten, in denen sich die Umweltbewegung mit dem Satz: »Global denken und lokal handeln« bescheiden konnte, gehen dahin. Spätestens in den neunziger Jahren des ausgehenden Jahrtausends wird die durch einen kaum gebändigten Raubindustrialismus verursachte internationale Umweltkrise die Welt vor die Notwendigkeit des »Globalen Denkens und globalen Handelns« stellen. Die globalen Handlungsmöglichkeiten allerdings existieren gegenwärtig allein im Reich der Utopie. Ozonloch, Treibhauseffekt und der Tod der Wälder und Meere hingegen sind bittere Gegenwart. »Die Erde ist ein Ganzes, aber die Welt ist es nicht. Wir alle sind für die Erhaltung unseres Lebens abhängig von unserer Biosphäre. Dennoch verfolgt jede Gemeinde, jedes Land Überleben und Wohlstand ohne Rücksicht auf andere. Einige wenige verbrauchen die Ressourcen der Erde in einer Geschwindigkeit, die nicht genug für zukünftige Generationen hinterlassen wird. Andere, und sie sind die Mehrheit, haben viel zu wenig und leben mit Hunger, Elend, Krankheit und frühem Tod.«[1]

Von globalem Handeln kann umweltpolitisch selbst bei kühnstem

---

1 *Unsere gemeinsame Zukunft. Der Brundtland-Bericht der Weltkomission für Umwelt und Entwicklung* – Hrsg. Volker Hauff, S.31, Greven 1987.

Optimismus überhaupt keine Rede sein, es sei denn man meint die globale Umweltzerstörung. Es gibt keinerlei internationale Handlungsebene in der Umweltpolitik, die wirklich greifen würde, keinerlei wirksame Institutionen, nichts. Ja es gibt nicht einmal ein einigendes Bewußtsein von der gemeinsam verursachten Gefahr, von einem ökologischen Internationalismus oder einer operativen ökologischen Außenpolitik ganz zu schweigen. 400 Millionen Automobile weltweit mit ihren extrem schädlichen Verbrennungsmotoren sind eine wesentliche Ursache der globalen Umweltkrise, aber es sind nur einige wenige US-amerikanische, japanische und westeuropäische Multis, die tatsächlich Autos bauen. Nicht einmal in diesem hochkonzentrierten Bereich des Automobilbaus mit seinen extrem umweltschädlichen globalen Auswirkungen ist es möglich, mit einer internationalen Vereinbarung vom Verbrennungsmotor wegzukommen und stattdessen auf umweltverträgliche technische Alternativen zu setzen.

Die Menschen sind zu viele geworden, um sich einen globalen Raubindustrialismus auch nur noch eine weitere Generation ungebrochen leisten zu können. Die Weltbevölkerung hat sich zwischen 1950 und 1985 von 2,5 Milliarden Menschen auf 4,8 Milliarden nahezu verdoppelt. In demselben Zeitraum nahm die Verstädterung von 29 Prozent im Jahre 1950 auf 41 Prozent der Weltbevölkerung im Jahr 1985 zu, in den entwickelten Regionen erreichte der Anteil der Stadtbevölkerung 1985 sogar 72 Prozent. Im Jahre 2025, ich werde dann meinen 77. Geburtstag feiern, wird sich die Weltbevölkerung ein weiteres Mal fast verdoppelt haben und 8,2 Milliarden Menschen betragen.[1] Wie soll das begrenzte Ökosystem Erde mit dieser Menschheit leben, wie die Menschen noch in diesem Ökosystem, wenn wir die Bedingungen unseres Lebens und Überlebens nicht radikal ändern? Mit einer destruktiven Naturaneignung und Ressourcenvergeudung, mit Abholzung und Bodenerosion, Zerstö-

---

[1] *Unsere gemeinsame Zukunft*, a.a.O., S. 102/103.

rung der Erdatmosphäre und Energieverschwendung wird dies sicher nicht funktionieren.

Die Umweltkrise stellt die Frage nach der Gattung Mensch, nach deren Überleben. Sie stellt damit die konkrete Gattungsfrage und formuliert die entscheidende Herausforderung an die Politik. Die Politik, die Politiker, die politischen Systeme, die Menschen also, gebärden sich aber noch so, als hätten wir erneut die Kreuzüge oder den Dreißigjährigen Krieg oder die Eroberungen des Dschingis Khan zu erwarten. Billionen werden jährlich in Waffen verpulvert, um sich vor anderen Menschen, vermeintlichen oder realen Feinden, zu schützen oder andere Menschen, vermeintliche oder reale Feinde zu massakrieren. Gründe dazu finden sich allemal und überall reichlich. Die nördliche Hemisphäre ist in zwei Militärblöcke gespalten, die bisher nie dagewesene Mengen an Massenvernichtungsmitteln, Waffen und Armeen bereithalten, um den jeweils anderen so zu beeindrucken, daß er sich militärisch nicht zu rühren traut. Gewaltige Summen, Intelligenz und Ressourcen werden darauf verwandt, Vorteile über den Feind zu erreichen oder die vermuteten Vorteile des Feindes zu erkunden und Gegenmittel zu erfinden. Wenn sie könnten, die Machtblöcke in Ost und West, dann würden sie irgendwann wohl die Frage doch noch ausschießen, wer Recht hat: Kapitalismus oder Sozialismus, Marktwirtschaft oder Staatswirtschaft, Amerika oder Rußland? Die allein noch mögliche positive Antwort auf diese Frage weiß man bereits heute. Sie liegt im gemeinsamen Verzicht auf diese Frage und ihre Beantwortung und damit im Verzicht auf die Feindschaft selbst.

Wir sind zuviele, und wir wissen zu viel. Und wir haben bereits zu viel Schaden angerichtet, als daß wir noch zurück könnten. Andererseits ist uns die tröstende Illusion der Aufklärung genommen: daß es nach dem erkämpften Ende der Vorgeschichte noch den herrlichen Beginn der Geschichte, das neue Arkadien in einem goldenen Zeitalter gäbe. Eine ökologische Linke kämpft heute um den Fortbestand der Vorgeschichte, um die Existenz der Gattung mit dem Rücken am Abgrund. Wohin die Entwicklung geht, wird angesichts der

Lage noch lange unübersichtlich bleiben. Ob der ökologische Umbau ohne den Druck großer Katastrophen durchsetzbar sein wird, ist gegenwärtig nicht zu prognostizieren. Ob es nach großen Umweltkatastrophen mit dem Umbau noch gehen kann, ebenfalls nicht. (Ich wage mir noch immer nicht konkret vorzustellen, wie diese kleine, dichtbesiedelte Bundesrepublik nach einem atomaren Supergau tatsächlich aussehen würde, unter welchen Bedingungen die Menschen leben müßten, und ob ihre demokratische Verfassung einer solchen Katastrophe gewachsen wäre). Gewiß bleibt allein das Negative: daß wir so nicht weitermachen dürfen, wenn wir als Gattung überleben wollen. Morgen wird es nicht mehr um Konfession, Nation, Ideologie gehen, sondern schlicht darum, die Verhältnisse auf dieser Welt so zu gestalten, daß die Menscheit auch zu acht Milliarden einzelnen Exemplaren auf diesem Planeten wird leben und sich am Ende sogar wird wohlfühlen können, ohne sich und ihre Umwelt zu massakrieren.